U0662023

2024 年版

国网浙江省电力有限公司
电力专业技术人员职称认定手册

国网浙江省电力有限公司金华供电公司　编

中国电力出版社
CHINA ELECTRIC POWER PRESS

图书在版编目（CIP）数据

国网浙江省电力有限公司电力专业技术人员职称认定
手册：2024 年版 / 国网浙江省电力有限公司金华供电公
司编. -- 北京 : 中国电力出版社, 2024. 12. -- ISBN
978-7-5198-9075-9

Ⅰ. F426.61-62

中国国家版本馆 CIP 数据核字第 20248MQ185 号

出版发行：中国电力出版社
地　　址：北京市东城区北京站西街 19 号（邮政编码 100005）
网　　址：http://www.cepp.sgcc.com.cn
责任编辑：雍志娟
责任校对：黄　蓓　马　宁
装帧设计：郝晓燕
责任印制：石　雷

印　　刷：三河市航远印刷有限公司
版　　次：2024 年 12 月第一版
印　　次：2024 年 12 月北京第一次印刷
开　　本：710 毫米×1000 毫米　16 开本
印　　张：7.25
字　　数：97 千字
印　　数：0001—1000 册
定　　价：80.00 元

国网浙江省电力有限公司电力专业技术人员职称认定手册

（2024年版）

编 委 会

主　编　王从波　俞　磊

副主编　金　莹　朱维新　陈文胜　杜文佳

成　员　俞勤政　朱　虹　杨　帆　郎少先　楼　坚

　　　　何思含　姜　妮　施　川　钱佳琦　盛逸标

　　　　薛锋满　徐文浩　钱丹丹

前　言

　　职称评审是指对职业人员的职称进行评定和认定的一种制度。职称评审对企业的意义非常重大，它不仅可以提高企业的整体素质和竞争力，还可以激励员工的积极性和创造性，促进企业的发展和进步。通过职称评审，企业可以筛选出具有专业知识和技能的高素质人才，这些人才不仅能够为企业带来更高的效益和利润，还能够提高企业的整体竞争力和市场占有率。同时，职称评审是一种对员工能力和业绩的认可和肯定，它可以激励员工不断学习和提高自己的专业技能，增强员工的自信心和责任感，提高员工的工作积极性和创造性。

　　因此，为进一步提升公司职称评审工作管理规范，提高公司广大职工职称评审工作开展的及时性和有效性，公司组织专业人员编写了电力政工专业职称评审申报指导手册，手册从不同职称等级申报原则、申报资格、评审方式、评审流程、职称考试、系统操作说明等方面进行了详细整理。

　　本指导手册在编写和审核过程中，得到公司相关人员的大力支持，在此深表感谢！鉴于编写人员水平和时间有限，难免有疏漏、不妥或错误之处，恳请大家批评指正，以便不断修订完善。若内容与上级发布的最新规程、规定有不符之处，应以上级最新的规程或规定为准。

目　录

前言

第一章　认定原则 ………………………………………… 1

第二章　工作职责 ………………………………………… 2

第三章　认定条件 ………………………………………… 4

第四章　认定程序 ………………………………………… 14

第五章　认定材料 ………………………………………… 16

第六章　管理办法及规则制度 …………………………… 33

认 定 原 则

职称评定分为评审和认定两种方式。评审是指符合相应系列申报条件的专业技术人员，通过业绩积分、考试、答辩、评审委员会评审等方式评定相应职称。认定是指符合相应系列认定条件的专业技术人员，通过考核方式认定相应职称。

职称等级分为初级、中级、高级三个级别，其中，初级包括员级和助理级，高级包括副高级和正高级。职称认定包含对初级、中级两个级别的职称认定。

国网公司系统目前可评审 8 个系列：

1. 工程系列：正高级、副高级、中级

2. 经济系列：正高级、副高级

3. 会计系列：正高级、副高级

4. 技工院校教师系列：正高级、副高级、中级

5. 档案系列：正高级、副高级、中级

6. 卫生系列：正高级、副高级

7. 新闻系列：正高级、副高级、中级

8. 政工系列：副高级、中级

国网公司具备评审权的职称系列，申报者需参加国网公司统一评定。其中，工程、技工院校教师、档案、新闻、政工系列涉及职称认定工作。

第二章

工　作　职　责

（一）国网人资部职责

1. 贯彻落实国家职称政策，健全国网公司职称管理体系，制定管理制度和评定标准，建立信息管理系统。

2. 组建职称评审委员会，定期向人力资源社会保障部申请评定权限，备案评定结果。

3. 组织开展国网公司职称评定工作。

4. 指导、监督和考核各级单位职称评定工作。

5. 核准各单位中级及以下职称自主评定权限。

（二）省公司级单位人力资源管理部门职责

1. 贯彻落实国家和上级单位职称政策，组织所属单位开展职称申报和材料审核工作。

2. 组建中级及以下职称评审委员会，定期向国网公司申请中级及以下职称评定权限。

3. 组织或委托开展中级及以下职称评定工作，报送评定结果。

4. 指导、监督和考核所属单位职称评定工作。

5. 组织推荐评审专家库人选。

6. 对员工取得的国网公司评审范围外的职称进行确认，或授权所属单位确认。

（三）地市公司级单位人力资源管理部门职责

1. 贯彻落实上级单位职称政策，组织员工开展职称申报工作。

2. 应用职称评定结果。

3. 组织推荐评审专家库人选。

4. 经授权对员工取得的国网公司评审范围外的职称进行确认。

5. 经授权开展初级职称认定工作。

（四）国网人才交流服务中心有限公司 （简称"国网人才中心"）职责

1. 贯彻落实国家和国网公司职称政策，滚动修订年度职称申报规范。

2. 授权实施高级职称评定工作，受托开展中级及以下职称评定工作。

3. 建设管理国网公司评审专家库。

4. 运维国网公司职称评定信息管理系统。

5. 督促指导各单位职称评定工作。

6. 印制、发放与管理职称证书。

第三章

认 定 条 件

（一）基本申报条件

1. 拥护党的路线方针政策，自觉践行公司核心价值观，具有良好的思想品德、职业道德和敬业精神。

2. 熟知本专业理论知识和技术技能，熟悉国内外技术现状和发展趋势；具有丰富实践经验，工作业绩良好，能够理论联系实际，解决技术问题；主要工作内容与申报专业相符，研究成果具有一定的技术价值和经济价值。

3. 学历、年限、现职称等符合公司相关规定。

4. 满足公司继续教育学时规定要求。

5. 近三年绩效考核结果均为 C 级及以上。

（二）时间规定

计算现有职称取得年限、业绩成果取得时间或从事专业技术工作年限的截止时间，均为职称申报年度的 12 月 31 日。

（三）学历规定

认定职称一般应具备规定学历。"规定学历"是指各专业系列评审条件和国家有关规定中明确的学历、学位要求（含后续学历，下同）。

1. 中专学历：认定员级职称。取得中专学历后从事本专业工作满 1 年可认定员级职称。

2. 大专学历：认定助理级职称。取得大专学历后从事本专业工作满 3 年可认定助理级职称。

3. 本科学历：认定助理级职称。取得本科学历后从事本专业工作满 1 年可认定助理级职称。

4. 双学士学位：认定助理级职称。取得双学士学位后可认定助理级职称。

5. 硕士学位（或研究生学历，下同）：认定中级职称或认定助理级职称。

（1）取得硕士学位后从事本专业工作满 3 年（国外学制不满 2 年的硕士需满 4 年）可认定中级职称。

（2）取得硕士学位后入职当年认定助理级职称。

6. 博士学位：认定中级职称。取得博士学位后入职当年可认定中级职称。

（四）工作年限要求

规定年限是指在取得规定学历的前提下，申报评定相应级别职称必须具备的本专业年限和现职称后本专业年限。"本专业年限"是指截止申报年度 12 月 31 日，本人参加工作后所从事的与申报专业系列一致的专业技术工作累积年限之和。"现职称后本专业年限"是指截止申报年度 12 月 31 日，取得现职称后所从事的与申报专业系列一致的专业技术工作累积年限之和。

（五）继续教育学时要求

专业技术人员申报职称需满足继续教育学时要求，职称认定前 1 年的继续教育年度学时不达标的，不得申报。

专业技术人员参加继续教育的时间，每年累计不得少于 90 学时，其中专业科目不得少于 60 学时。继续教育学时当年度有效，不可转结使用。

（六）分支专业要求

申报者选择申报评定的专业一般应以本人所从事的专业及所取得的业绩为依据，并对照相应专业评审条件、评定标准的专业划分自主确定。

1. 电力工程技术

"电力工程技术人员"通指：在国民经济各部门、各行业中，从事发电（含火力、水力、核能及其他新能源发电）、输电、变电、配电、用电、电网技术、电力环保、电力标准化、电力信息技术等电力工程的科学研究（含基础理论和应用技术的科研、试验、技术开发与推广及其技术管理）、规划设计（含规划、勘测、设计及其技术管理）、施工建设（含建筑、安装、调试、施工机械、安全质量监督及其技术管理）和生产运行（含运行、检修、技术改造、修造、安全与技术监督、劳动保护及其技术管理）的专业技术工作人员。

电力工程分为四类专业，热能动力工程专业（可含核能、太阳能、地热及其他热能形式发电），水能动力工程专业（可含潮汐能、风能发电），输配电及用电工程专业，电力系统及其自动化专业。

（1）热能动力工程专业

包括发电机、锅炉、汽轮机、燃气轮机、热工过程控制及其仪表、供热与制冷、建筑与安装、物料输送、金属与焊接、火电厂化学、工程测量、环境保护、新型发电技术及其他与热能动力工程有关的专业。

（2）水能动力工程专业

包括发电机、水能利用(含水库)、工程地质、水文泥沙、水力机械、水工建筑物、金属结构、水电厂自动化、工程测量、环境保护、新能源发电技术及其他与水能动力工程有关的专业。

（3）输配电及用电工程专业

包括电动机、变压器、绝缘技术、高低压电器设备、输电线路和变电站、配电与用电系统及控制、电气测量技术、工程测量、环境保护、电能质量管理及其他与输配电及用电工程有关的专业。

（4）电力系统及其自动化专业

包括电力系统规划与设计、电力系统运行与分析、电力系统自动化、继电保护及安全自动装置、电力系统通信及其他与电力系统及其自动化有关的专业。

2. 工业工程技术

工业工程专业属于工程技术范围。工业工程是综合运用自然科学和社会科学的专门知识和技术以及工程分析和设计的原理与方法，对由人、物料、信息、设备和能源所组成的集成系统进行规划、设计、改善、创新、实施和评价的科学技术。工业工程专业划分为：系统规划与管理、设施规划与设计、方法与效率工程、生产计划与控制、质量与可靠性管理、营销工程、工业安全与环境和人力资源开发与管理等八个分支专业。

（1）系统规划与管理：适用于主要从事部门、行业、企事业单位的规划与计划管理和系统分析与评价等工作的工程技术人员。工作范围包括：行业、企业发展战略的研究、制定与实施；工程项目的可行性研究、咨询与评估；科研规划的研究、论证与评估；企业诊断和经济分析；生产工艺过程的系统分析、规划、设计与实施；工艺过程的设计与控制；新产品、新工艺、新技术的规划、论证、评估与实施；管理信息系统的规划、设计、评估与实施等工作。

（2）设施规划与设计：适用于主要从事设施的规划、设计、改造与实施的工程技术人员。工作范围包括：工程项目总体设计；工程项目的选址、平面设计；工艺、设备、场地、厂房及公用设施、物流系统的规划、设计与改造；组织机构、岗位和职务的设计等工作。

（3）方法与效率工程：适用于主要从事工业企业提高劳动生产率和工作效率的规划、计划、改进与实施的工程技术人员。工作范围包括：生产组织形式和工作方法的研究、设计与控制；工作定额标准、劳动定额标准的分析、测定、改进、制定与评价。

（4）生产计划与控制：适用于主要从事工业企业生产与服务系统的规划、设计、改进与评价等工作的工程技术人员。工作范围包括：生产发展规划、年度生产计划和生产作业计划的编制与控制；库存管理；设备管理；计算机辅助生产管理信息系统的设计、实施、改善与评价等工作。

（5）质量与可靠性管理：适用于行业或企业从事质量与可靠性管理工作的工程技术人员。工作范围包括：质量与可靠性的规划与管理；质量管理体系的设计与实施；行业或企业标准的研究、制定与实施；质量控制、质量审核、质量教育；质量与可靠性检验；质量与可靠性管理信息系统的设计、实施、改进与评价等工作。

（6）营销工程：适用于主要从事企业产品销售、市场开发和产品售前、售中、售后技术服务等用户服务系统工作的工程技术人员。工作范围包括：经营战略与策略的研究、论证与实施；市场分析、预测、决策的研究与论证；新产品开发研究与论证；市场开发研究、论证与实施；用户服务系统的设计和产品销售的售前或售后技术服务等工作。

（7）工业安全与环境：适用于主要从事工业企业劳动安全、职业卫生和环境保护工作的工程技术人员。工作范围包括：劳动保护计划的研究、制定与实施；环境保护计划的编制与实施；安全法规、标准、规程及其相应措施的研究、制定与实施；安全、卫生与环境的管理；分析、评价并控制危险和有害的因素；事故的分析与处理等工作。

（8）人力资源开发与管理：适用于主要从事人力资源研究、开发和管理工作的工程技术人员。工作范围包括：人力资源发展规划的编制与实施；组织结构的设计、工作职能分析和岗位职务的设计与评价；职业资格和专业技术资格的设计与评价；工作激励与劳酬制度及标准的制定与实施；工作评价、绩效评估与考核；人员培养计划和人员选拔计划的编制与实施；职工教育，技术培训和岗位培训计划的编制与组织实施等工作。

3. 技工院校教师系列

适用于技工院校、培训机构从事教学及相关专业技术工作的人员，申报者均须取得相应教师资格。

4. 档案系列

适用于在各单位、各部门从事档案管理（含文书、科技、会计、声像、医疗卫生、人事档案，档案保护、编研、计算机档案管理）、档案科研工作的专业人员。

5. 新闻系列

适用于在有正式刊号并公开发行的报纸、期刊和经正式批准的电视台、新闻网站从事记者、编辑、摄影摄像、美术编辑工作（含新闻发布、通联、信息搜集管理、业务管理和学术研究）的专业人员。

6. 政工系列

适用于各单位、各部门专职从事思想政治工作的专业人员。电力政工专业划分为党建和精神文明建设工作、纪检和监察工作、群众工作、保卫工作、离退休干部管理工作等 5 个分支专业。

其中，对于一些不易归属的专业，可按如下规定掌握：

1. 各科研院以调试为主和地市公司设计所（室）的工程专业技术人员，可按所从事专业申报"电力工程"生产运行的相应专业。

2. "工业工程"规划类专业一般适用于从事综合性、系统性总体方案的规划、设计及实施等工作的人员，科研院从事规划设计的工程专业技术人员可按所从事专业申报"电力工程"规划设计的相应专业。

3. 工民建等专业可申报"电力工程"施工建设的相关专业。

4. 从事电力系统通信、计算机应用等专业的工程技术人员，申报职称时根据所服务的对象（专业）确定申报专业，中级、副高级职称考试专业选择"电力数字及信息通信技术"。

5. 从事法律专业人员可申报经济系列相应专业。

（七）专业准入

根据各专业系列的实际情况，从专业技术队伍建设角度出发，对各专业系列准入的所学专业、职称、现从事的专业工作经历明确如下：

1. 工程系列。一般需同时具备理工科专业学历和工程技术职称以及工程技术工作经历。

2. 技工院校教师、档案、新闻、政工系列。需专职从事相应系列规定的专业工作。

（八）其他要求和说明

1. 各省电力高等专科学校、电力职业技术学院从事学历教育教学工作的教师人员应申报高等学校教师相关职称（参加地方相关单位组织的评审），各省（管理、技能）培训中心从事培训教学工作的教师人员应申报技工院校教师相关职称。申报技工院校教师系列人员需取得相应教师资格，并满足相应教学工作量要求（需本校教务部门出具近四年教学工作情况及教学工作量证明)。

2. 申报新闻系列职称需取得新闻记者证。

3. 确实经过中央党校、各省(市、区)党校和境外院校规定学时、课时的学习(有学籍档案),所取得的学历、学位与国民教育学历具有同等效用,在职称评定中应予以承认。

4. 具备专业不对口的学历,需取得 2 门及以上大专层次专业对口的专业课程自学考试单科结业证书,或华北电力大学电气工程专业课程研修班结业证书可参加初级认定。

5. 申报技工院校教师系列及技能人员申报职称:技工院校中级工班、高级工班、预备技师(技师)班毕业,可分别按相当于中专、大专、本科学历申报。

6. 外单位调入人员,其职称若为具有职称评审权的单位评定或认定的,予以承认;否则,需履行职称评定工作程序,重新评定。

7. 申报人员应为本单位在职专业技术人员,退休人员不得申报职称。

初级职称评定一览表

系列	职称名称	学历要求	年限要求					绩效考核	继续教育	评定方式	其他要求
			中专	大专	本科	双学士	硕士				
工程	技术员	中专及以上学历(理工科)	认定员级:从事本专业工作满1年评审助理级:取得员级职称后,从事本专业工作满4年	认定助理级:从事本专业工作满3年	认定助理级:从事本专业工作满1年	认定助理级:入职当年	认定助理级:入职当年	近三年绩效考核结果均为C级及以上	继续教育学时(学分)达到规定要求	1.认定;2.评审	无
	助理工程师										
档案	管理员	中专及以上学历									
	助理馆员										
政工	政工员										
	助理政工师										
新闻	助理记者/助理编辑	大专及以上学历	—								取得新闻记者证

续表

系列	职称名称	学历要求	年限要求					绩效考核	继续教育	评定方式	其他要求
			中专	大专	本科	双学士	硕士				
技工院校教师	助理讲师	大学本科及以上学历	—	—							取得相应教师资格
	三级实习指导教师	中专及以上学历	认定：从事本专业工作满1年		—						
	二级实习指导教师		评审：取得三级实习指导教师职称后，从事本专业工作满3年	认定：从事本专业工作满3年	认定：从事本专业工作满1年	认定：入职当年	认定：入职当年				

中级职称评定一览表

系列	职称名称	学历要求	年限要求						绩效考核	继续教育	评定方式	其他要求
			中专	大专	本科	双学士	硕士	博士				
工程	工程师	大学专科及以上学历（理工科）	—	评审：取得助理级职称后本专业年限满4年	评审：取得助理级职称后本专业年限满2年	评审：取得助理级职称后本专业年限满2年（学制不满2年的国外硕士需满3年）;	认定：入职当年	近三年绩效考核结果均为C级及以上	继续教育学时（学分）达到规定要求	1.评审：业绩积分+考试；2.认定	无
新闻	记者/编辑	大学专科及以上学历									1.评审；2.认定	取得新闻记者证
政工	政工师										1.评审：业绩积分+考试；2.认定	取得新闻记者证
档案	馆员	中专及以上学历	评审：取得助理级职称后本专业年限满7年	评审：取得助理级职称后本专业年限满4年							1.评审：业绩积分+考试；2.认定	无

续表

系列	职称名称	学历要求	年限要求						绩效考核	继续教育	评定方式	其他要求
			中专	大专	本科	双学士	硕士	博士				
技工院校教师	讲师	大学本科及以上学历	—	—	评审：取得助理级职称后本专业年限满4年		2. 认定：从事本专业工作满3年（学制不满2年的国外硕士需满4年）	认定：入职当年	近三年绩效考核结果均为C级及以上	继续教育学时（学分）达到规定要求	1. 评审；2. 认定	取得相应教师资格
	一级实习指导讲师	中专及以上学历	评审：取得助理级职称后本专业年限满5年	评审：取得助理级职称后本专业年限满4年	评审：取得助理级职称后本专业年限满3年							

第四章

认 定 程 序

（一）认定周期

职称认定工作每年组织一次，由省公司级单位组织实施。

（二）认定流程

职称认定工作流程包括个人申报、考核认定、结果公布、证书印发、资料归档等。

1. 个人申报。组织员工填报个人信息、业绩成果，提交佐证材料。

2. 考核认定。各单位审核申报资格和材料。组建职称评审委员会，召开考核认定会议，对申报人员职业道德、创新能力、业绩水平和实际贡献等进行综合考核。

3. 结果公布。认定合格人员名单公示不少于 5 个工作日，无异议后行文公布。

4. 证书印发。证书由公司统一监制、统一编号，国网人才中心印制、发放。

5. 资料归档。各单位及时录入职称信息，归档认定表等资料。

（三）监督考核

1. 申报者需在申报时提交全部申报材料。各单位在复审工作开始后，以及整个评审过程中，任何人不得再补交材料。

2. 实行学术造假"一票否决制"，对申报人员弄虚作假等违规违纪行为严肃处理，撤销其取得的职称，原则上 3 年不得申报，情节严重的，追究相关责任。严厉打击论文代写代发、虚假刊发等违纪违规行为，对于抄袭、剽窃、不当署名等学术不端行为，按照有关规定处理，撤销取得的职称，并记入职称申报评审诚信档案库。

3. 评定工作人员玩忽职守、以权谋私、违反工作纪律的，予以通报批评并调离职称评定工作岗位，情节严重的，追究相关责任。

4. 评审专家履责不力、徇私舞弊、违反评审工作纪律的，予以通报批评并取消评审专家资格，情节严重的，追究相关责任。

5. 各单位出现资格审查不严、标准执行不力、组织管理不到位、擅自扩大评定权限等问题，视情节轻重给予通报批评、停止评审、限期整改等处理，直至收回评审权限。

第五章

认 定 材 料

（一）认定材料目录

申报者应按所在单位职称认定工作要求，提供《职称认定（确认）表》（一式两份）、学历学位证书复印件、资格证书复印件、专业技术总结、相关业绩证明材料、主要工作经历证明、绩效考核证明和其他规定的材料。

国网××供电公司初级职称
认定（确认）申报材料目录

申报单位：_____   姓　　名：_____
职称名称：_____   申报等级：_____

序号	材料名称	份数	备注
1	《职称认定（确认）表》	2 份	A4 双面打印，附上照片
2	学历、学位证书复印件	1 份	
3	资格证书复印件	1 份	
4	专业技术总结	1 份	手写签字盖公章
5	相关业绩证明材料	1 份	
6	主要工作经历证明、绩效考核证明	1 份	
7	另 2 寸彩照一张，在背面用铅笔备注姓名、单位、电话全号	1 份	制证用，确认人员不需要提供照片

国网××供电公司
年　　月

（二）职称认定表

职称认定（确认）表

工作单位： _____

姓　　名： _____

现 职 称： _____

拟定职称： _____

分支专业： _____

填表日期： 　年　 月　 日

国 家 电 网 有 限 公 司 制

1. 基本情况

姓名			民族		出生地		相片
性别		出生日期		申报单位			
身份证号				参加工作年月			
现从事专业技术工作年限			现从事专业			专业系列	

2. 在岗现状

工作部门名称	岗位（职务）名称	岗位（职务）级别	任职年月

3. 学历、学位情况

项目	学历与学位	专业类别	毕业时间	毕业学校、所学专业	学制
就业学历					
最高学历					

4. 学习培训经历

（含培训、国内外进修等）

起止时间（年月）	培训学校（地点）	专业内容	主办单位	人事部门审查签章

5. 主要工作经历

起止时间（年月）	工作部门	工作岗位	从事专业（或项目）	人事部门审查签章

6. 就业后主要专业技术业绩

起止时间（年月）	专业技术工作项目主要内容及成效	本人角色	专业技术负责人

7. 就业后的工作成果

（1）获奖情况

时间	项目名称	类别	级别与等级	角色与排名	批准部门

（2）代表性学术成果（论文、著作及重要技术报告）

时间	题目	刊物名称（出版单位）	本人角色或排名

8. 所在单位考核鉴定意见

（公章）

负责人：　　　　　　　　年　月　日

9. 单位考核认定意见

技术负责人：

（公章）

人事部门负责人： 年 月 日

10. 审批机关意见

经考核， 同志符合《专业技术资格考核认定（确认）办法》的规定， 其具备_____
资格。其有效资格取得时间从 年 月 日起算。

（公章）
年 月 日

（三）职称认定表填写规范

1. 总体要求

《职称认定（确认）表》供专业技术人员认定职称使用。封面、基本情况、在岗现状、学历学位情况、学习培训经历、主要工作经历、就业后主要专业技术业绩、就业后的工作成果项除审查签章外由被评定者填写，所在单位考核鉴定意见、单位考核认定意见、审批机关意见项由组织部门填写。

若采用手工填写方式一律用钢笔、签字笔、毛笔填写，内容要具体、真实，字迹要端正、清楚。

填写时，如内容较多，可另加附页。

2. 封面

"现职称"是指本次考核认定前的职称。"拟定职称"填写拟认定的职称名称，如助理工程师等。"分支专业"填写职称系列的分支专业名称，如生产运行–电力系统及其自动化。

3. 基本情况

"现从事专业技术工作年限"是指截止申报年度 12 月 31 日，本人参加工作后所从事的与申报专业系列一致的专业技术工作累积年限之和。

"专业系列"包括电力工程技术、工业工程技术、技工院校教师系列、档案系列、新闻系列和政工系列。

"现从事专业"填写各专业系列的分支专业，如生产运行–电力系统及其自动化。

准备一寸彩照 2 张贴在两份认定表相片处。

4. 学历、学位情况

"就业学历"是指参加工作时的学历；"最高学历"是指截止到填表时间所取得的最高学历。"学历"包括大专、本科、研究生等。"学位"包括学士、硕士、博士，如工学学士、工学硕士等。

5. 学习培训经历

适当填写学习培训经历条数，包括后续学历教育、专业培训等。

6. 主要工作经历

"主要工作经历"内容用于计算"本专业年限"，对"起止时间、工作部门、工作岗位、从事专业"需准确填写，填写内容应与另需提供的《主要工作经历证明》内容保持一致。

7. 就业后的主要专业技术业绩

"专业技术工作项目主要内容及成效"总结归纳，控制在 100 字左右。具体填写内容可根据角色＋项目内容＋本人作用＋结论。从创新性、影响力、经济效益、收益成果角度写结论。

"本人角色"填写"主持、专业负责人、主要工作人员、一般参与人员"。

8. 就业后的工作成果

（1）获奖情况

"级别与等级"根据实际获奖等级对应填写；其他等级均按最低奖项填写。同一项成果多次获奖，只填最高级别。

获奖类别供参考：自然科学奖、技术发明奖、科学技术（进步）奖、中国专利金奖、其他专利奖、科技创新奖、管理创新奖、电力创新奖、其他创新奖、QC 成果奖、软科学成果奖、其他成果奖、优秀设计奖、优质工程奖、贡献奖、竞赛奖、抗疫一线人员奖励、其他等。

获奖级别供参考：

① 国家级：国家科学技术进步奖包括国家自然科学奖、国家科技进步奖、国家技术发明奖三类，其他奖项不计作国家级奖项。

② 省部级（含行业级、国网公司级）：国家电网公司设立的科学技术进步奖、技术发明奖、技术标准创新贡献奖、专利奖、管理创新成果奖、软科学成果奖等奖项；省级单位颁发的奖项；各部委（国家级行业）设立的奖项；中国电机工程学会、中国电力企业联合会等省部级行业协（学）会颁发的奖项、科技部公布的社会力量设立科学技术奖项；中国企业联合会颁发的全国企业管理现代化创新成果奖。

③ 地市级（含省公司级）：各省公司颁发的科技进步奖、管理创新成果奖等奖项；各地市设立的奖项；各省厅局级设立的奖项；各省行业协会（学会）的专业奖。

④ 厂处级（含地市公司级、省公司直属单位级）：地市公司，省公司直属单位设立的科技成果奖项和管理创新成果奖等奖项。

（2）代表性学术成果（论文、著作及重要技术报告）

申报者提交的论文和技术报告等作品应为取得现职称后撰写且与申报专业相关。其中：

① 论文、著作。论文或著作必须是正式发表或出版，录用通知不予认可。申报时需提供书、刊的封面、目录（交流或评选的证书）和本人撰写的内容，不必将整本书、刊一同提交，其中，论文佐证材料还需提供权威网站查询的收录情况截图。增刊：必须有属地出版管理机构批准的期刊增刊备案号。核心期刊增刊视同为普通期刊。

② 技术报告。"技术报告"应为申报者在当时完成专业技术项目之后，对完成或解决某项具体技术工作问题的报告（政工专业可提供调研报告、

课题研究报告）。"本人角色"填写"独立撰写、主要撰写人、主要参与、一般参与"。申报时需提供专业技术负责人的证明（或鉴定意见）。

9. 所在单位考核鉴定意见

由所在单位对认定人员专业技术实际水平、能力等情况作出评价，并给出认定人员是否已具备拟认定资格的能力和水平的考核鉴定意见。单位鉴定意见由所在单位负责人签字，盖单位公章。

（四）相关业绩证明材料

各类佐证材料必须能够反映与填报内容一致的各项信息，包括时间、项目名称、本人角色、级别、重要性等重要信息请标注出来。佐证材料齐全、规范、图片清晰。

1. 就业后主要专业技术业绩

工程类业绩可提供：项目可研报告、批复、立项、实施、设计图纸、施工方案或措施、调试文件、验收报告（含阶段性）等过程材料，以及本人角色证明、实施效益证明、专家评议意见等。

科技（管理）项目类业绩可提供：项目可研报告、批复、立项、实施、验收报告（含阶段性）等过程材料，以及本人角色证明、实施效益证明、专家评议意见。

解决技术难题类业绩可提供：有关部门出具的技术报告、专家评审或鉴定意见，以及本人角色证明等。

提出科技、经营管理或经济技术建议可提供：建议报告、有关部门批示等采纳（推广）证明。

重点课题类业绩可提供：课题立项材料，阶段性验收材料、研究成果材料、结项验收材料、本人角色证明等。

本专业领域管理改革、创新类业绩可提供：主管部门出具本人角色证明、推广应用证明、表彰文件，财务部门出具经济效益证明等。

2. 获奖

提供获奖证书或文件，获奖正式文件必须有获奖项目和成员姓名等信息。

3. 代表性学术成果（论文、著作及重要技术报告）

（1）论文

论文必须在中文核心期刊或正式普通期刊上发表，提供：期刊（公开出版的会议论文集）封面、版权页、目录页、论文正文页。还需提供权威网站查询情况的截图，内容包括：

国家科技图书文献中心、中国知网、万方数据知识服务平台检索的同期期刊封面。

上述网站检索的同名期刊基本信息截图。

上述网站检索的同期期刊内本篇文章收录截图。

被 SCI、EI、SSCI 收录的论文，必须提供有大学图书馆或教育部科技查新工作站盖章的收录证明。

国际会议上宣读的论文、出版的论文集，需提供会议通知、论文宣读或正式出版的证明材料，已出版会议论文需提供 ISBN 号。

① 中国知网查询路径及截取信息

➢ 进入中国知网，选择"出版物检索"

➢ 输入期刊名称。

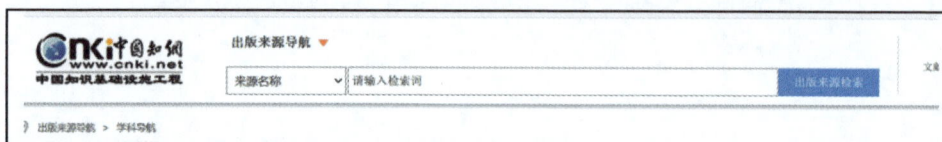

注意：必须是检索期刊，而不是检索论文。

➢ 需截取的信息示例。

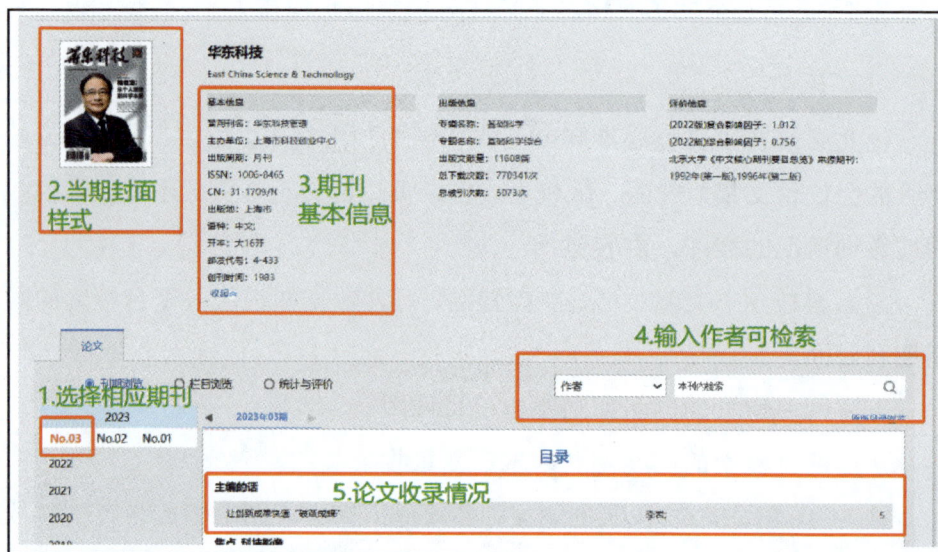

②万方数据库查询路径及截取信息。

➢ 进入万方数据库，选择期刊检索，输入期刊名称。

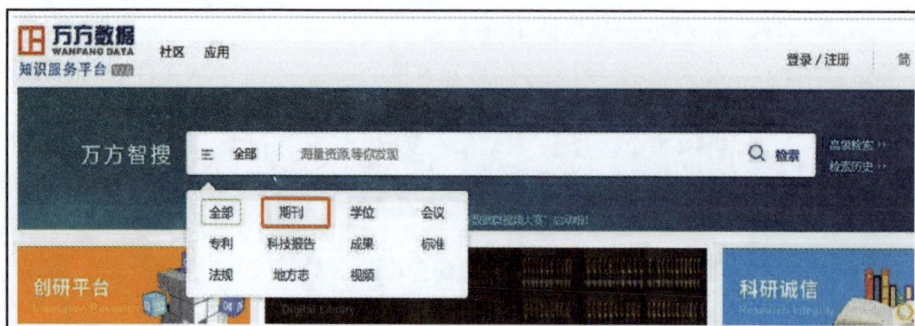

➢ 需截取的信息示例。

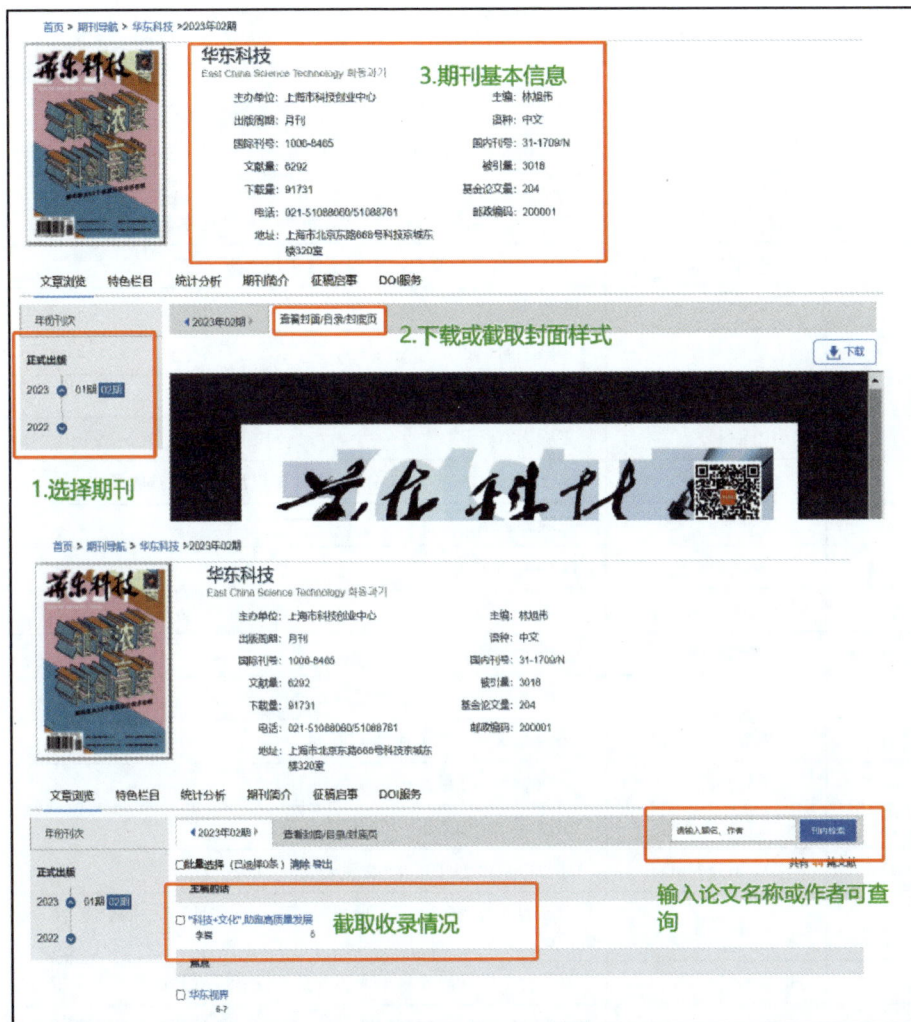

　　职称评定实行学术造假"一票否决制"，对申报人员弄虚作假等违规违纪行为严肃处理，撤销其取得的职称，原则上 3 年不得申报，情节严重的，追究相关责任。专业技术人员应避免向"问题期刊"投稿，避免将其作为职称评定的业绩成果。

序号	期刊名称	说明
		高频"问题期刊"
1	当代电力文化	正版为党建文化类月刊，中电联官网可查 半月刊、旬刊为假
2	电力设备	2008年停刊，2008年以后为假刊
3	中国电业	正版为月刊，且只有中国电业四个字，旬刊、半月刊为假。中国电业技术2016年底停刊、中国电业发电2017年12月停刊
4	基层建设	为济南军区政治部内部刊物，不对外发行。央视CCTV22021年10.27新闻北京警方打击假杂志新闻中包括这本杂志
5	中国电气工程学报	正版:电气工程学报、中国电气工程学报(英文)
6	科学与生活	正版为维语
7	科学与技术	正版为哈萨克语
8	防护工程	正版为双月刊
9	中国科技人才	正版为双月刊
10	福光技术	半年刊。 CN35-1113/TN，2008年以后未再继续收录
11	工程管理前沿	正版为全英文
12	科技信息	2019年5月起停刊
13	电力与能源系统学报	正版为全英文
14	城镇建设	正版为半月刊
15	河南电力	正版为月刊，封面不带国网logo
16	装备维修技术	2019年8月由季刊变为双月刊
17	科协论坛	于2018年12月起已长期休刊
18	电力设备管理	2021年10月起由月刊改版为半月刊
19	中国开发区	月刊，全年11期，1~2月合刊
20	科学家	中国科技新闻学会跳转的链接显示为半月刊，未收录20、21年情况
21	华东科技	封面与中国知网收录封面不一致，注意查看封面
22	中国西部科技	已于2016年2月起停刊，2020年9月18日已在新闻出版署公告注销登记
23	新型城镇化	正版为月刊
24	中国科技信息	2014—2021年期间第3、4期合刊正版97年改版为半月刊
25	建筑实践	正版为月刊
26	学习与科普	正版为哈萨克语
27	仓储管理与技术	2004年已停刊
28	建筑细部	正版为双月刊

续表

序号	期刊名称	说明
29	中国电力企业管理	中国电力企业管理（上旬—综合）（中旬—农电）（下旬·电力工程）中电联官网上可查，正版期刊未完全显示综合、农电、电力工程字样，注意查看封面是否一致
30	西部论丛	2011 年起停刊
31	时代建筑	正版为双月刊
32	华中电力	2012 年 3 月已停刊，正版为双月刊
33	中国应急管理科学	封面与中国知网收录不一致，注意查看封面
34	安防科技	2014 已停刊
35	建筑模拟	正版为英文，月刊
36	青年生活	正版为朝鲜文
37	大众科学	刊号 22-1107/N 正版为朝鲜文
38	未来科学家	正版为青少年科普读物
39	时代建筑	正版为双月刊
40	科技新时代	正版为少儿科普期刊
41	电工电气	封面与中国知网收录不一致，注意查看封面
42	电力与能源	正版为双月刊
43	电气世界	显示中国电科院主办，中国电科院并无此本期刊
44	发电技术	正版为双月刊
45	工程建设标准化	正版为月刊
46	计算机技术与发展	正版为月刊
47	建筑科技	正版为双月刊
48	建筑学研究前沿	正版为英文
49	山东工业技术	2020 年 1 月由月刊变更为双月刊

（2）著作

著作必须由正式出版社公开出版，提供：著作的封面、版权页、编委页（本人角色页）、目录页、正文节选。

（3）标准、技术报告等

正式颁布的战略、规划、标准、导则、规范、规程、制度提供：封面、本人角色页、目录、正文节选等。不能直接体现申报人员姓名、角色的，需由负责制定的专业部门按格式模板出具书面证明材料，注明所有制定人员名单、申报人员角色排序，加盖专业部门印章。

技术报告可以是未出版的论文、实施细则、典型经验等，提供：专业技术负责人的证明（或鉴定意见）、成果封面、目录、正文节选、本人角色页等。

4. 主要完成人证明

业绩成果的"主要贡献者（主要完成人）"，需是排名靠前的第一、二完成人及主要完成（参加）者。若排名靠后，但确系主要完成（参加）者，需提供本人所在单位主管部门出具的正式文件。该文件，需后附第一、二完成人分别亲自撰写并签名的"证明书"。文件及"证明书"需表明在该项目中被证明人承担任务的内容、重要程度及排名位次和排名靠后的原因，以及其他获奖人员名单（如获奖人数超过 15 人，可仅列出前 15 人名单并注明获奖总人数）。

第六章

管理办法及规则制度

（一）国家电网有限公司职称评定管理办法

第一章 总 则

第一条 为贯彻落实中央人才工作会议精神，加快建设具有中国特色国际领先的能源互联网企业，培养和造就一支政治过硬、专业扎实、素质优良、结构合理的专业技术人才队伍，根据《关于深化职称制度改革的意见》（中办发〔2016〕77号）、《职称评审管理暂行规定》（人力资源社会保障部令第40号）等文件要求以及《中共国家电网有限公司党组关于加快人才高质量发展的意见》（国家电网党〔2020〕57号），制定本办法。

第二条 本办法所称职称评定，是指按照规定程序和标准对专业技术人员的思想品德、职业道德、学术造诣、技术水平和专业能力进行评审和认定的活动。

第三条 职称评定坚持服务发展、遵循规律、科学评价、创新机制原则，建立以创新能力、质量、实效、贡献为导向的评定体系。

第四条 职称等级分为初级、中级和高级三个级别，其中，初级包括员级和助理级，高级包括副高级和正高级。

第五条 本办法适用于公司总部及所属各级全资、控股单位的职称评定管理工作。公司各级参股、代管单位、省管产业单位参照执行。

第二章 职 责 分 工

第六条 职称评定管理工作实行"党组（委）领导、统一管理、人资归口、分级评价"模式。公司人才工作领导小组负责统筹指导职称评定工作，决策有关重大事项。

第七条 国网人资部职责：

（一）贯彻落实国家职称政策，健全公司职称评定管理体系，制定管理制度和评定标准，建立信息管理系统。

（二）组建职称评审委员会，定期向人力资源社会保障部申请评定权限，备案评定结果。

（三）组织开展公司职称评定工作。

（四）指导、监督和考核各单位职称评定工作。

（五）核准各单位中级及以下职称自主评定权限。

第八条 省公司级单位人力资源管理部门职责：

（一）贯彻落实国家和上级单位职称政策，组织所属单位开展职称申报和材料审核工作。

（二）组建中级及以下职称评审委员会，定期向公司申请中级及以下职称评定权限。

（三）组织或委托开展中级及以下职称评定工作，报送评定结果。

（四）指导、监督和考核所属单位职称评定工作。

（五）组织推荐评审专家库人选。

第九条 地市公司级单位人力资源管理部门职责：

（一）贯彻落实上级单位职称政策，组织员工开展职称申报工作。

（二）应用职称评定结果。

（三）组织推荐评审专家库人选。

第十条 国网人才交流服务中心有限公司（以下简称"国网人才中

心"）职责：

（一）贯彻落实国家和公司职称政策，滚动修订年度职称申报规范。

（二）授权实施高级职称评定工作，受托开展中级及以下职称评定工作。

（三）建设管理公司评审专家库。

（四）运维公司职称评定信息管理系统。

（五）督促指导各单位职称评定工作。

（六）印制、发放与管理职称证书。

第三章　职称评审委员会

第十一条　职称评审委员会依据评定标准和流程，评议、认定专业技术人员学术技术水平和专业能力，对组建单位负责，受组建单位监督。

第十二条　职称评审委员会实行核准备案制，分为高级、中级和初级。其中，高级职称评审委员会公司统一组建，由人力资源社会保障部核准备案；中级职称评审委员会省公司级单位组建，由国网人资部核准备案；初级职称评审委员会地市公司级单位组建，由省公司级单位核准备案。职称评审委员会备案有效期3年，有效期届满重新核准备案。

第十三条　按照人力资源社会保障部和国务院国有资产，监督管理委员会授权，公司职称评定范围为工程、经济、会计、技工院校教师、档案、卫生、新闻、政工8个系列，每个系列分设若干专业。职称评审委员会按照系列或专业组建，不得跨系列组建综合性职称评审委员会。

第十四条　按照系列组建的职称评审委员会专家组成人数不少于25人，各系列按照分设专业组建的职称评审委员会专家组成人数不少于11人。职称评审委员会专家从公司职称评审专家库中随机抽取。

第十五条　职称评审专家库由具有一定数量并符合相应条件的公司系统内外专家组成。专家以公司内部遴选为主，可以吸纳高校、科研机构、行业协会（学会）等业绩突出、知名度高的资深专家。

第十六条 入选职称评审专家库的专家应当遵纪守法，具有良好的职业道德，从事本领域专业技术工作，能够严格履行评审工作职责。正高级评审专家原则上应具有正高级职称 3 年及以上，本专业工作年限 20 年及以上；副高级评审专家应具有高级职称 3 年及以上，本专业工作年限 15 年及以上；中级评审专家应具有高级职称 3 年及以上，本专业工作年限 10 年及以上；初级评审专家应具有高级职称 3 年及以上，本专业工作年限 6 年及以上。

第四章 评定范围和方式

第十七条 申报人员应为在职人员。

第十八条 职称评定分为评审和认定两种方式。

（一）评审是指符合相应系列申报条件的专业技术人员，通过业绩积分、考试、答辩、评审委员会评审等方式评定相应职称。

（二）认定是指符合相应系列认定条件的专业技术人员，通过考核方式认定相应职称。

第十九条 正高级职称采用答辩与评审相结合方式开展。副高级职称采用考试、业绩积分与评审相结合方式开展，其中，工程、档案、政工系列采用公司考试、业绩积分与评审相结合方式；经济、会计系列采用国家考试、业绩积分与评审相结合方式；新闻、卫生、技工院校教师系列需取得相应职业（执业）资格后，采用业绩积分与评审相结合方式。中级职称采用认定或考试、业绩积分与评审相结合方式开展。初级职称采用认定或评审方式开展。

第二十条 国家规定采用"考试""考评结合"的系列，按有关规定执行。

第五章 评审工作程序

第二十一条 职称评审工作每年组织一次，由公司统一组织。高级职称评审工作由国网人才中心实施,中级及以下职称评审工作由省公司级单位实施,也可委托国网人才中心或系统内具有职称评审资质的省公司级单位开展。

第二十二条　评审工作流程包括个人申报、资格审查、职称考试、组织评审、结果公布、证书印发、资料归档等。

(一)个人申报。组织员工通过职称评定信息管理系统填报个人信息、业绩成果,上传佐证材料。

(二)资格审查。所在单位对申报资格和材料进行初审,公示 5 个工作日。省公司级单位组织复审。

(三)职称考试。按照国家规定和公司要求,参加相应系列及级别职称考试,合格者参加评审。

(四)组织评审。组建职称评审委员会,召开评审会议,对申报人员的理论水平、工作能力、主要贡献、作品成果等进行评议,确定评审结果。

(五)结果公布。评审合格人员名单公示不少于 5 个工作日,无异议后行文公布。

(六)证书印发。证书由公司统一监制、统一编号,国网人才中心印制、发放。

(七)资料归档。各单位及时录入职称信息,归档评定表等资料。

第六章　认 定 工 作 程 序

第二十三条　职称认定工作每年组织一次,由省公司级单位组织实施。

第二十四条　认定工作流程包括个人申报、考核认定、结果公布、证书印发、资料归档等。

(一)个人申报。组织员工填报个人信息、业绩成果,提交佐证材料。

(二)考核认定。各单位审核申报资格和材料。组建职称评审委员会,召开考核认定会议,对申报人员职业道德、创新能力、业绩水平和实际贡献等进行综合考核。

（三）结果公布。认定合格人员名单公示不少于 5 个工作日，无异议后行文公布。

（四）证书印发。证书由公司统一监制、统一编号，国网人才中心印制、发放。

（五）资料归档。各单位及时录入职称信息，归档认定表等资料。

第七章　委　托　评　审

第二十五条　公司授权外的职称系列及等级，通过委托评审、参加国家统一考试等方式取得的，各单位履行确认程序。

第二十六条　通过委托方式评审，公司统一出具委托函，受托机构颁发职称证书。

第二十七条　获得中级及以下职称自主评审权限的单位，严格按照公司规定开展中级及以下职称评审工作；未申请或审核未通过的单位，可委托国网人才中心或系统内具有职称评审资质的省公司级单位开展。

第八章　监　督　考　核

第二十八条　对申报人员弄虚作假等违规违纪行为，实行"一票否决制"，取消评定资格或已取得的职称，且 3 年内不得申报。

第二十九条　评定工作人员玩忽职守、以权谋私、违反工作纪律的，予以通报批评，不得再从事职称评定相关工作，情节严重的，追究相关责任。

第三十条　评审专家履责不力、徇私舞弊、违反评审工作纪律的，予以通报批评，并不再选用，情节严重的，追究相关责任。

第三十一条　各单位出现资格审查不严、标准执行不力、组织管理不到位、擅自扩大评定权限等问题，视情节轻重给予通报批评、停止评审、限期整改等处理，直至收回评审权限。

第九章　附　　则

第三十二条　本办法由国网人资部负责解释并监督执行。

第三十三条　本办法自 2022 年 9 月 30 日起施行。原《国家电网有限公司职称评定管理办法》〔国家电网企管〔2019〕428 号之国网（人资/4）1025－2019（F）〕同时废止。

附件

职称评定申报条件

一、基本申报条件

（一）拥护党的路线方针政策，自觉践行公司核心价值观，具有良好的思想品德、职业道德和敬业精神。

（二）熟知本专业理论知识和技术技能，熟悉国内外技术现状和发展趋势；具有丰富实践经验，工作业绩良好，能够理论联系实际，解决技术问题；主要工作内容与申报专业相符，研究成果具有一定的技术价值和经济价值。

（三）学历、年限、现职称等符合公司相关规定。

（四）满足公司继续教育学时规定要求。

（五）近三年绩效考核结果均为 C 级及以上。

二、破格申报条件

（一）对于不具备规定学历或年限要求的申报人员，符合下列条件之一，可破格申报副高级职称。

1. 获得省部级科技进步奖、技术发明奖、自然科学奖二等奖及以上奖励的主要贡献者。

2. 享受省部级政府特殊津贴人员等省部级人才。

（二）符合下列条件之一，可破格直接申报正高级职称。

1. 获得国家科技进步奖、技术发明奖、自然科学奖二等奖及以上奖励的主要贡献者。

2."百千万人才工程"国家级人选、"国家高层次人才特殊支持计划"人选、"创新人才推进计划"中青年领军人才、国家有突出贡献的中青年专家、享受国务院政府特殊津贴人员、中华技能大奖获得者、全国技术能手等国家级人才。

3. 获得中国专利金奖。

三、转系列申报条件

员工工作调动或岗位调整，可申报现岗位专业对应的职称，即"转系列申报"。转系列申报同一级别职称为"同级转评"，转系列申报高一级别职称为"转系列高报"。"同级转评"需取得现职称后，从事所转申报专业满 2 年；"转系列高报"需满足所转系列相应级别的年限要求，申报正高级职称需取得所转系列副高级职称。

四、转业军人和原公务员申报条件

首次参加职称评定，可直接申报相应级别的职称。

（一）中专（含高中、职高、技校）毕业后满 12 年（仅档案系列）、满 9 年（仅一级实习指导教师系列），大专毕业后满 7 年，本科毕业后满 5 年，可直接申报评定中级职称。

（二）大专毕业后满 20 年（仅政工系列）、本科毕业后满 10 年、取得硕士学位后满 8 年、取得博士学位后满 2 年，可直接申报评定副高级职称。

（三）本科毕业后满 15 年、取得硕士学位后满 13 年、取得博士学位后满 7 年，可直接申报评定正高级职称。

五、技能人员申报条件

在工程技术领域生产一线技能岗位工作、具有理工科学历、符合工程系列学历层次要求且取得现从事专业相应资格的员工，可申报评定电力工程相应级别职称。技工院校中级工班、高级工班、预备技师（技师）班毕业，可分别按相当于中专、大专、本科学历申报。

（一）取得高级工资格后且从事技术技能工作满 2 年，可申报助理工程师。

（二）取得技师资格后且从事技术技能工作满 3 年，可申报工程师。

（三）取得高级技师资格后且从事技术技能工作满 4 年，可申报高级工程师。

初级职称评定一览表

系列	职称名称	学历要求	年限要求					绩效考核	继续教育	评定方式	其他要求
			中专	大专	本科	双学士	硕士				
工程	技术员	中专及以上学历（理工科）	认定员级：从事本专业工作满1年 评审助理级：取得员级职称后，从事本专业工作满4年	认定助理级：从事本专业工作满3年	认定助理级：从事本专业工作满1年	认定助理级：入职当年	认定助理级：入职当年	近3年绩效考核结果均为C级及以上	继续教育学时（学分）达到规定要求	1.认定；2.评审	无
	助理工程师										
档案	管理员	中专及以上学历									
	助理馆员										
政工	政工员										
	助理政工师										
新闻	助理记者/助理编辑	大专及以上学历	—								取得新闻记者证
技工院校教师	助理讲师	大学本科及以上学历	—	—							取得相应教师资格
	三级实习指导教师	中专及以上学历	认定：从事本专业工作满1年	—							
	二级实习指导教师		评审：取得三级实习指导教师职称后，从事本专业工作满3年	认定：从事本专业工作满3年	认定：从事本专业工作满1年	认定：入职当年	认定：入职当年				
卫生	医（药、护、技）士	按国家相关规定执行	参加全国专业技术资格考试取得								
	医（药、护、技）师										
经济	助理经济师										
会计	助理会计师										

中级职称评定一览表

系列	职称名称	学历要求	年限要求						绩效考核	继续教育	评定方式	其他要求
			中专	大专	本科	双学士	硕士	博士				
工程	工程师	大学专科及以上学历（理工科）	—	取得助理级职称后本专业年限满4年		取得助理级职称后本专业年限满2年	1.评审：取得助理级职称后本专业年限满2年（学制不满2年的国外硕士需满3年）；2.认定：从事本专业工作满3年（学制不满2年的国外硕士需满4年）	认定：入职当年	近3年绩效考核结果均为C级及以上	继续教育学时（学分）达到规定要求	1.评审：业绩积分+考试；2.认定	无
新闻	记者/编辑	大学专科及以上学历									1.评审；2.认定	取得新闻记者证
政工	政工师										1.评审：业绩积分+考试；2.认定	无
档案	馆员	中专及以上学历	取得助理级职称后本专业年限满7年	取得助理级职称后本专业年限满4年								
技工院校教师	讲师	大学本科及以上学历	—	—	取得助理级职称后本专业年限满4年						1.评审；2.认定	取得相应教师资格
	一级实习指导教师	中专及以上学历	取得助理级职称后本专业年限满5年	取得助理级职称后本专业年限满4年	取得助理级职称后本专业年限满3年							
卫生	主治（主管）医（药、护、技）师	按国家相关规定执行	参加全国专业技术资格考试取得									
经济	经济师											
会计	会计师											

副高级职称评定一览表

系列	职称名称	学历要求	年限要求				绩效考核	继续教育	评定方式	其他要求
			大专	本科、双学士、硕士	博士	博士后				
工程	高级工程师	大学本科及以上学历（理工科）	一	取得中级职称后本专业年限满5年	取得中级职称后本专业年限满2年	期满出站后，可依据在站期间的科研成果评定	近3年绩效考核结果均为C级及以上	继续教育学时（学分）达到规定要求	公司考试+业绩积分+评审	无
档案	副研究馆员	大学本科及以上学历							业绩积分+评审	取得新闻记者证
新闻	主任记者/主任编辑									
经济	高级经济师	大学专科及以上学历	取得中级职称后本专业年限满10年						国家考试+业绩积分+评审	无
会计	高级会计师									
政工	高级政工师		取得中级职称后本专业年限满13年，或中级职称后本专业年限满5年且本专业年限满20年						公司考试+业绩积分+评审	无
卫生	副主任医（药、护、技）师	大学专科及以上学历（医疗卫生专业）	取得中级职称后本专业年限满7年	取得中级职称后本专业年限满5年		取得博士学位后本专业年限满5年			业绩积分+评审	取得职（执）业资格证
技工院校教师	高级讲师/高级实习指导教师	大学本科及以上学历	一						评审	取得相应教师资格

正高级职称评定一览表

系列	职称名称	学历要求	年限要求			绩效考核	继续教育	评定方式	其他要求
			本科	双学士、硕士	博士				
工程	正高级工程师	大学本科及以上学历（理工科）	取得副高级职称后本专业年限满5年,本专业年限满15年	取得副高级职称后本专业年限满5年,本专业年限满12年	取得副高级职称后本专业年限满5年,本专业年限满7年	近3年绩效考核结果均为C级及以上	继续教育学时（学分）达到规定要求	答辩+评审	1. 非本专业副高级职称，需同级转评后方可申报；2. 申报新闻系列需取得新闻记者证；3. 申报教师系列需取得相应教师资格
档案	研究馆员	大学本科及以上学历							
新闻	高级记者/高级编辑								
经济	正高级经济师								
会计	正高级会计师								
技工院校教师	正高级讲师/正高级实习指导教师								
卫生	主任医（药、护、技）师	大学本科及以上学历（医疗卫生专业）							

（二）国网人才评价中心职称申报规范

为准确掌握各专业系列职称评审条件和评定标准，正确履行职称评定工作程序，依据《国家电网有限公司职称评定管理办法》，国网人才评价中心（以下简称国网人才中心）对职称申报规范明确如下：

一、基本规定

（一）时间规定

计算现有职称取得年限、业绩成果取得时间或从事专业技术工作年限的截止时间，均为职称申报年度的 12 月 31 日。

（二）学历规定

申报职称一般应具备规定学历。"规定学历"是指各专业系列《评审条件》和国家有关规定中明确的学历、学位要求（含后续学历，下同）。

1. 中专学历：认定员级职称、评审助理级和部分专业中级职称。

取得中专学历后从事本专业工作满 1 年可认定员级职称。

2. 大专学历：认定助理级职称、评审中级和部分专业副高级职称。

取得大专学历后从事本专业工作满 3 年可认定助理级职称。

3. 本科学历：认定助理级职称、评审中级和高级（含正、副高级，下同）职称。

取得本科学历后从事本专业工作满 1 年可认定助理级职称。

4. 双学士学位：认定助理级职称、评审中级和高级职称。

取得双学士学位后可认定助理级职称。

5. 硕士学位（或研究生学历，下同）：认定中级职称、评审高级职称；或认定助理级职称、评审中级和高级职称。

（1）取得硕士学位后从事本专业工作满 3 年（国外学制不满 2 年的硕士需满 4 年）可认定中级职称。

（2）取得硕士学位后入职当年认定助理级职称，助理级职称后从事本专业工作满 2 年（国外学制不满 2 年的硕士需满 3 年）可评审中级职称。

6. 博士学位：认定中级职称、评审高级职称。

取得博士学位后入职当年可认定中级职称。

7. 博士后：评审高级职称。

博士后期满出站后可依据在站期间的科研成果评审副高级职称。

（三）年限规定

规定年限是指在取得规定学历的前提下，申报评定相应级别职称必须具备的本专业年限和现职称后本专业年限。

"本专业年限"是指截止申报年度 12 月 31 日，本人参加工作后所从事的与申报专业系列一致的专业技术工作累积年限之和。

"现职称后本专业年限"是指截止申报年度 12 月 31 日，取得现职称后所从事的与申报专业系列一致的专业技术工作累积年限之和。

1. 关于转业军人和原公务员。对于转业军人和原公务员，属于首次参加职称评定的人员，需严格执行规定学历前提下的"本专业年限"。

中专（含高中、职高、技校，下同）毕业后满 12 年（仅档案系列）、中等职业学校（技工学校）毕业后满 9 年（仅一级实习指导教师）、大专毕业后（含后续学历，下同）满 7 年、本科毕业后满 5 年，可直接申报评审中级职称。

大专毕业后满 20 年（仅政工系列）、本科毕业后满 10 年、取得硕士学位后满 8 年、取得博士学位后满 2 年，可直接申报评审副高级职称。

本科毕业后满 15 年、取得硕士学位后满 13 年、取得博士学位后满 7 年，可直接申报评审正高级职称。

2. 关于通过国家考试取得资格。参加全国专业技术人员职业资格考试（"以考代评"和"考评结合"）取得的中、高级资格，需符合有关资格考试报名条件的规定，即报考中、高级资格时应具备的规定学历和"本专业年限"。

（四）程序规定

根据中办、国办《关于深化职称制度改革的意见》，坚持"公平、公正、公开"原则，严格履行职称评定工作程序：职称申报和资格审查、评审（面试答辩、网上评审、考试、业绩积分等方式）、公示（含举报问题核查与处理）和发文认证。

（五）其他规定

1. 关于英语、计算机考试。电力英语、计算机水平考试不再作为申报必备条件，仅作为职称评定的水平能力标准之一。

（1）英语

《专业技术人员电力英语水平考试合格证书》分为 A、B、C 三个等级。A 级有效期 4 年（截止日为取证的第 4 年年底），B、C 级有效期 3 年（截止日为取证的第 3 年年底）。

A 级适用于申报正、副高级和中级职称。

B 级适用于申报副高级、中级职称。

C 级适用于申报中级职称。

（2）计算机

《专业技术人员电力计算机水平考试合格证书》分为 A、B 两个等级。A 级有效期 4 年（截止日为取证的第 4 年年底），B 级有效期 3 年（截止日为取证的第 3 年年底）。

A、B 级合格证书可申报各级别职称。

2. 关于论文、技术报告。申报者提交的论文和技术报告等作品应为取得现职称后撰写且与申报专业相关。其中：

（1）论文、著作。论文或著作必须是正式发表或出版，录用通知不予认可。申报时需提供书、刊的封面、目录（交流或评选的证书）和本人撰写的内容，不必将整本书、刊一同提交，其中，论文佐证材料还需提供权威网站查询的收录情况截图。

（2）技术报告。"技术报告"应为申报者在当时完成专业技术项目之后，对完成或解决某项具体技术工作问题的报告（经济、政工专业可提供调研报告、课题研究报告）。申报时需提供专业技术负责人的证明（或鉴定意见）。

二、申报条件及评定方式

（一）中级职称

1. 申报条件

大学专科或大学本科毕业，助理级职称后本专业年限满 4 年。

双学士学位或硕士学位，助理级职称后本专业年限满 2 年（学制不满

2 年的国外硕士需满 3 年），可申报评审中级职称。其中：

（1）技工院校教师系列：

① 申报讲师职称需具备大学本科学历。

② 中等职业学校（技工学校）毕业，助理级职称后本专业年限满 5 年；双学士学位或大学本科毕业，助理级职称后本专业年限满 3 年，可申报一级实习指导教师职称。

（2）档案系列：中专毕业，助理级职称后本专业年限满 7 年；双学士学位，助理级职称后本专业年限满 4 年，可申报中级职称。

2. 评定方式

（1）工程（电力工程、工业工程）、档案、政工系列中级职称：依据中级职称评定标准，采取业绩积分和专业与能力考试方式综合进行评定，"业绩积分"与"专业与能力考试成绩"按 6:4 比例加权确定评定总分（见附件1）。

（2）技工院校教师、新闻系列中级职称：依据中级职称评审条件，严格执行规定学历、年限及业绩要求，采取评审委员会评审方式进行评定。

（二）副高级职称

1. 申报条件

大学本科毕业或双学士学位或硕士学位，中级职称后本专业年限满 5 年；博士学位，中级职称后本专业年限满 2 年，可申报评审副高级职称。其中：

（1）经济、会计系列：大学专科毕业，中级职称后本专业年限满 10 年，可申报副高级职称。

（2）卫生系列：大学专科毕业，中级职称后本专业年限满 7 年，可申报副高级职称。

（3）政工系列：大学专科毕业，中级职称后本专业年限满13年，或中级职称后本专业年限满5年且"本专业年限"满20年，可申报副高级职称。

（4）技工院校教师、卫生系列：大学本科及以上学历毕业， 中级职称后本专业年限满5年，可申报副高级职称。

2. 破格条件

获得省部级科技进步奖、技术发明奖、自然科学奖二等奖及以上奖励的主要贡献者、享受省部级政府特殊津贴人员，针对下列情况之一，可破格申报副高级及以下职称。

（1）不具备规定学历。

（2）不具备规定的职称年限（现职称年限、现职称后本专业年限、本专业年限），可提前1年申报副高级职称。

3. 评定方式

（1）工程（电力工程、工业工程）、经济、会计、档案、卫生、新闻、政工系列副高级职称：依据副高级职称评定标准，采取考试、业绩积分和评审方式综合进行评定（见附件2）。

（2）技工院校教师系列副高级职称：依据副高级职称评审条件，严格执行规定学历、年限及业绩要求，采取评审委员会评审方式进行评定。

（三）正高级职称

1. 申报条件

具备大学本科及以上学历（工业工程技术需理工科、卫生系列需卫生专业），副高级职称后本专业年限满 5 年，"本专业年限"要求本科满 15 年、双学士及硕士满 12 年、博士满 7 年，可申报评审正高级职称。非本专业副高级职称，需转评后方可申报。

2. 破格条件

符合下列条件之一，可破格直接申报正高级及以下职称。

（1）获得国家科技进步奖、技术发明奖、自然科学奖二等奖及以上奖励的主要贡献者。

（2）"百千万人才工程"国家级人选、"国家高层次人才特殊支持计划"人选、"创新人才推进计划"中青年领军人才、国家有突出贡献的中青年专家、享受国务院政府特殊津贴人员、中华技能大奖获得者、全国技术能手等国家级人才。

（3）获得中国专利金奖。

3. 评定方式

依据正高级职称评审条件，严格执行规定学历、年限及业绩要求，采取答辩和评审委员会评审方式综合进行评定（见附件 4）。

（四）绩效要求

2021—2023 年度绩效考核结果均为 C 级及以上。

三、专业准入与转评高报

根据各专业系列的实际情况，从专业技术队伍建设角度出发，对各专业系列准入的所学专业、职称、现从事的专业工作经历、职称"同级转评"和"转系列高报"明确如下：

（一）工程系列

一般需同时具备理工科专业学历和工程技术职称以及工程技术工作经历。若具备理工科专业学历但现职称为非工程系列，即"转系列申报"，"现职称后本专业年限"要求为："同级转评"需 2 年及以上、"转系列高报"需满足职称申报相应年限要求。

（二）卫生系列

一般需同时具备医疗卫生专业学历和卫生技术职称以及医疗卫生技术工作经历。若具备医疗卫生专业学历但现职称为非卫生系列，即"转系列申报""现职称后本专业年限"要求为："同级转评"需 2 年及以上、"转系列高报"需满足职称申报相应年限要求。

（三）会计系列

一般需同时具备财会（含财经类，下同）专业学历和会计系列职称（含审计系列职称、注册会计师执业资格，下同）以及财会工作经历。若现职称为非会计系列，则需具备财会专业学历。

若不具备财会专业学历，则现职称应为会计、统计、经济、工程系列。若现职称为非会计系列，即"转系列申报""现职称后本专业年限"要求为："同级转评"需 2 年及以上、"转系列高报"需满足职称申报相应年限要求。

（四）经济系列

一般需同时具备经济（含理工、财经、管理、法律类，下同）专业学历和经济系列职称以及经济工作经历。若现职称为非经济系列，则需具备经济专业学历；若不具备经济专业学历，则现职称应为经济、工程、统计、会计、法律和企业法律顾问系列。若现职称为非经济系列，即"转系列申报""现职称后本专业年限"要求为："同级转评"需 2 年及以上、"转系列高报"需满足职称申报相应年限要求。

（五）技工院校教师、档案、新闻、政工系列

需专职从事相应系列规定的专业工作。若现职称为非相应专业系列，即"转系列申报"，则"现职称后本专业年限"要求为："同级转评"需 2 年及以上、"转系列高报"需满足职称申报相应年限要求。

四、申报专业

申报者选择申报评定的专业一般应以本人所从事的专业及所取得的业绩为依据，并对照相应专业《评审条件》《评定标准》的专业划分自主确定。其中，对于一些不易归属的专业，可按如下规定掌握：

1. 各科研院以调试为主和地市公司设计所（室）的工程专业技术人员，可按所从事专业申报"电力工程"生产运行的相应专业。

2. "工业工程"规划类专业一般适用于从事综合性、系统性总体方案的规划、设计及实施等工作的人员，科研院从事规划设计的工程专业技术人员可按所从事专业申报"电力工程"规划设计的相应专业。

3. 工民建等专业可申报"电力工程"施工建设的相关专业。

4. 从事电力系统通信、计算机应用等专业的工程技术人员，申报职称时根据所服务的对象（专业）确定申报专业，中级、副高级职称考试专业可选择"电力数字及信息通信技术"。

5. 从事法律专业人员可申报经济系列相应专业。

五、关于职称考试

（一）国家考试

根据国家职称制度深化改革需要，人力资源社会保障部对部分专业系列、职称级别实行"以考代评"或"考评结合"评定制度。目前主要包括：

1. 经济、会计、卫生、统计、审计、出版、翻译系列初中级职称实行"以考代评"，一律参加各地方政府组织的全国专业技术人员专业技术资格（执业或职业资格）考试取得。

2. 高级会计师、高级经济师、高级审计师、高级统计师一律实行考、评结合（即考试和评审）的方式进行评定。

（1）高级会计师、高级经济师。申报者需先参加由各省级地方政府有关部门组织的高级资格考试，再凭合格证书（成绩），报名参加国网人才中心组织的年度职称评审，取得高级会计师、高级经济师职称。

（2）高级审计师、高级统计师。申报者需参加由各省级地方政府有关部门组织的高级审计师或高级统计师的考试和评审，其结果需由申报者所属省公司级单位进行确认。

（二）公司副高级职称考试

工程、档案、政工系列申报者需先参加公司组织的副高级职称考试，再凭考试合格证书（有效期内），参加公司组织的副高级职称评审。

六、关于技能人员申报职称

在工程技术领域生产或教学一线技能岗位工作、符合工程或技工院校教师系列学历层次要求且取得现从事专业相应资格的员工，可申报评定电力工程技术、技工院校教师相应级别职称。

1. 取得高级工资格后，从事技术技能工作满 2 年，可申报助理工程师。

2. 取得技师资格后，从事技术技能工作满 3 年，可申报工程师。

3. 取得高级技师资格后，从事技术技能工作满 4 年，可申报高级工程师。

七、关于抗疫人员申报职称

根据人力资源社会保障部办公厅《关于做好新冠肺炎疫情防控一线专业技术人员职称工作的通知》（人社厅发〔2020〕23 号）文件精神，鼓励积极投身疫情防控一线的专业技术人员，实施职称申报政策倾斜措施。申报人员应在申报材料中提供申报人员疫情防控一线工作情况相关证明（包括工作具体内容及成效），需省公司级单位人事部门审核、盖章。

八、关于继续教育

根据《国家电网有限公司专业技术人员继续教育管理规定》文件精神，专业技术人员申报职称需满足继续教育学时要求，职称认定前 1 年和评定前 3 年的继续教育年度学时不达标的，不得申报，具体要求按照文件相关规定执行。

九、其他说明

（一）公司系统目前可评审 8 个系列：

1. 工程系列：正高级、副高级、中级

2. 经济系列：正高级、副高级

3. 会计系列：正高级、副高级

4. 技工院校教师系列：正高级、副高级、中级

5. 档案系列：正高级、副高级、中级

6. 卫生系列：正高级、副高级

7. 新闻系列：正高级、副高级、中级

8. 政工系列：副高级、中级

公司具备评审权的职称系列，申报者需参加公司统一评定；公司授权外的职称系列，通过委托评审方式取得，各单位履行确认程序。

（二）各省电力高等专科学校、电力职业技术学院从事学历教育教学工作的教师人员应申报高等学校教师相关职称（参加地方相关单位组织的评审），各省（管理、技能）培训中心从事培训教学工作的教师人员应申报技工院校教师相关职称。申报技工院校教师系列人员需取得相应教师资格。

（三）申报新闻系列职称需取得新闻记者证。

（四）确实经过中央党校、各省（市、区）党校和境外院校规定学时、课时的学习（有学籍档案），所取得的学历、学位与国民教育学历具有同等效用，在职称评定中应予以承认。

（五）具备专业不对口的学历，需取得 2 门及以上大专层次专业对口的专业课程自学考试单科结业证书，或华北电力大学电气工程专业课程研修班结业证书可参加初级认定、中级和副高级职称评审。

（六）申报技工院校教师系列及技能人员申报职称：技工院校中级工班、高级工班、预备技师（技师）班毕业，可分别按相当于中专、大专、本科学历申报。

（七）援藏援疆援青人员职称申报参照国家相关规定执行。

（八）各《评审条件》和《评定标准》中"核心期刊"以北京大学的"北大中文核心期刊"、南京大学的"南大核心期刊（CSSCI）"、中国科学技术信息研究所的"中国科技核心期刊"、中国人文社会科学学报学会的"中国人文社科学报核心期刊"、中国社会科学评价中心的 "中国人文社会科学期刊评价报告"、中科院文献情报中心的"中国科学引文数据库（CSCD）来源期刊列表"目录为准。SCI、EI、SSCI等收录的文章需提供收录证明。

（九）业绩成果的"主要贡献者（主要完成人）"，需是排名靠前的第一、二完成人及主要完成（参加）者。若排名靠后，但确系主要完成（参加）者，需提供本人所在单位主管部门出具的正式文件。该文件，需后附第一、二完成人分别亲自撰写并签名的"证明书"。文件及"证明书"需表明在该项目中被证明人承担任务的内容、重要程度及排名位次和排名靠后的原因，以及其他获奖人员名单（如获奖人数超过15人，可仅列出前15人名单并注明获奖总人数）。

（十）申报者需在申报时提交全部申报材料。各单位在复审工作开始后，以及整个评审过程中，任何人不得再补交材料。

（十一）申报者需在申报时提交全部申报材料。各单位在复审工作开始后，以及整个评审过程中，任何人不得再补交材料。

（十二）实行学术造假"一票否决制"，对申报人员弄虚作假等违规违纪行为严肃处理，撤销其取得的职称，原则上3年不得申报，情节严重的，追究相关责任；评定工作人员玩忽职守、以权谋私、违反工作纪律的，予以通报批评并调离职称评定工作岗位，情节严重的，追究相关责任；评审专家履责不力、徇私舞弊、违反评审工作纪律的，予以通报批评并取消评审专家资格，情节严重的，追究相关责任；各单位出现资格审查不严、标准执行不力、组织管理不到位、擅自扩大评定权限等问题，视情节轻重给予通报批评、停止评审、限期整改等处理，直至收回评审权限。

严厉打击论文代写代发、虚假刊发等违纪违规行为，对于抄袭、剽窃、不当署名等学术不端行为，按照有关规定处理，撤销取得的职称，并记入职称申报评审诚信档案库。

（十三）外单位调入人员，其职称若为具有职称评审权的单位评定或认定的，予以承认；否则，需履行职称评定工作程序，重新评定。

（十四）关于委托评审。委托评审需由申报者所在单位的上级主管单位向国网人才中心出具统一格式的"委托函"。评审工作结束后，国网人才中心将评审结果函告委评单位。

（十五）中级职称自主评审需按公司相关制度执行。

（十六）申报人员应为本单位在职专业技术人员，退休人员不得申报职称。

附件：1. 中级职称业绩积分和专业与能力考试综合评定管理办法

2. 副高级职称在线积分评定管理办法

3. 正高级职称申报要求

4. 正高级职称答辩实施办法

5. 职称相关考试违纪违规行为处理规定

附件 1

中级职称业绩积分和专业与能力考试
综合评定管理办法

第一章 总 则

第一条 为客观、公正、科学地评价中级职称申报专业技术人员的学识和水平，鼓励多出成果、多出人才，促进电力科技进步与发展，适应人才强企战略需要和人才成长规律，在中级职称评定工作中实行申报者业绩积分和专业与能力考试加权的方式进行评定。为此，国网人才评价中心（以下简称国网人才中心）特制定本办法。

第二条 业绩积分，指对申报者专业技术水平、能力、业绩实行在线量化积分。采取专业理论水平积分、主要贡献积分、作品成果积分、水平能力积分、申报人员所在单位评价积分等多维评价方式进行鉴定。

第三条 专业与能力考试，指加权总积分达标者参加的考核其专业工作应具备的综合知识能力的统一考试。专业与能力考试将依据各系列《评审条件》中"专业理论水平要求"和"工作经历和能力要求"相关条款，按知识类和能力类 2 部分设计考卷；考试组织工作由国网人才中心统一负责，具体考务工作委托第三方考试服务机构实施。

第四条 最终评定结果以申报者加权总积分和专业与能力考试成绩按 6:4 比例进行加权计算确定。

第五条 本办法适用于国家电网有限公司系统各单位和其他履行国网人才中心职称评定工作程序全过程以及委托评审单位的相关专业申报者。

第二章　评 定 程 序

第六条　依据各系列《评审条件》，符合申报条件人员即可在网上报名参加相应系列中级职称业绩积分。

第七条　申报者登录电力人力资源网"职称申报系统"，打印"主要贡献和作品成果鉴定意见表"和"所在单位评价意见表"。

第八条　所在单位对申报者申报材料进行审查、鉴定、评价、公示。申报单位人力资源部门登录"申报或主管单位职称审查系统"，录入鉴定和评价意见结果，并将数据和纸质材料提交主管单位。

第九条　主管单位（需登录该系统）负责对经申报者所在单位鉴定后的专业理论水平、主要贡献和作品成果、申报者所在单位评价意见进行复审和确认。

第十条　"在线积分评定系统"按统一规范的程序和积分标准，综合专业理论水平、主要贡献和作品成果、单位评价意见，计算出申报者加权总积分。

第十一条　加权总积分达标者方可进入专业与能力考试阶段。

第十二条　根据申报者"加权总积分"与"专业与能力考试"成绩加权计算评定总分，评定总分达标者为评定通过，评定通过名单进行网上"公开审查"。

第十三条　"公开审查"无误后，由国网人才中心印发职称通过文件、制发职称证书并将通过职称评定名单转入"历年职称备查库"，由申报单位或主管单位使用"申报或主管单位职称审查系统"打印《评定表》、入档。

第三章　业绩积分标准和实操方法

第十四条　中级《评定标准》及《业绩积分标准》系依据相应系列《评审条件》而制定。其中，中级《业绩积分标准》主要按专业理论水平、主要贡献、作品成果、水平能力、申报人员所在单位评价5部分内容确定并统一整定于"在线积分评定系统"中。将经相应组织对申报者审查、鉴定、评价、复审、公示后的鉴定意见和评价意见录入该系统中，系统将自动给出申报者各项实际得分及其实际总积分。

第十五条 专业理论水平积分。该积分标准主要按学历（学位）层次、专业及与申报专业一致性进行量化。其中，所学专业对口与否，以国网人才中心最新修订版《职称申报规范》为准。申报者提供的学历（学位）证书需经所在单位审查鉴定。具体积分方法为：

1. 硕士（含学制满 2 年的国外硕士，下同）或取得学制不满 2 年的国外硕士后满 3 年且专业对口（含双学士且专业均对口）20 分；

2. 本科且专业对口、硕士（含学制满 2 年的国外硕士）或取得学制不满 2 年的国外硕士后满 3 年但专业不对口、双学士（单一专业对口或两个专业均不对口）15 分；

3. 大专且专业对口以及本科但专业不对口 10 分。

第十六条 主要贡献和作品成果积分。该积分标准，依据各专业《评审条件》中"业绩与成果要求"为准，从主要贡献、作品成果 2 方面进行量化。由所在单位"鉴定委员会"依据申报者提供的其使用"职称申报系统"打印出的"主要贡献和作品成果鉴定意见表"和获奖证书、发表作品等材料，进行审查、鉴定并选择填涂、签字、盖章；由申报单位人力资源部门在"申报或主管单位职称审查系统"中录入鉴定结果并连同所有经鉴定的纸质材料报主管单位复审；经主管单位复审并确认后，该系统将给出主要贡献和作品成果的实际积分。

主要贡献和作品成果积分标准分值为：

"主要贡献"达标 18 分、业绩突出者可增至 46 分；"作品成果"达标 6 分、业绩突出者可增至 12 分。

第十七条 水平能力积分。该积分标准，依据电力英语、计算机水平考试情况进行量化。参加国网人才中心组织的电力英语、计算机水平考试，考试结果由"职称申报系统"自动识别。

水平能力积分标准分值为：

英语水平合格 4 分，不合格 0 分；

计算机水平合格 8 分，不合格 0 分。

第十八条 申报人员所在单位评价积分。该积分标准，依据各系列《评审条件》中"工作经历和能力要求"中相应条款、专业进行量化。包括 2 部分，一是政治表现，二是申报人主要工作经历和能力。由所在单位"鉴定委员会"依据申报者提供的其使用"职称申报系统"打印出的"所在单位评价意见表"进行评价并选择填涂、签字、盖章；由申报单位人力资源部门在"申报或主管单位职称审查系统"中录入评价结果并连同所有经评价的纸质材料报主管单位复审。

申报人员所在单位评价积分标准分值为：0～30 分。

第十九条 所在单位鉴定、主管单位复审和国网人才中心查处原则。所在单位对申报人员"工作经历和能力"进行鉴定时，必须依据评价标准各条款对应的具体评分标准，对申报者提供的直接证明和支撑材料进行鉴定，给出的鉴定结果做到有据可查。

对申报者在某项工作中的参与角色的认定，必须以该成果（或项目、专业工作）的立项书、结题书、鉴定意见等正式且直接相关的材料中的成员名单为依据；对成果的级别、成果的推广应用范围、承担工程的规模、工作量的大小等的认定，也必须以申报者提供的与成果直接相关的正式材料为依据；对申报者参与制定的教材、技术规范、标准等成果的出版状况（公开出版、内部发行、非正式稿）和颁发状况（正式颁发、已定稿但未正式颁布、仅完成起草），需进行客观准确的界定；对申报者在专业工作领域的熟悉程度、对相关工具或技能的掌握程度、提交技术报告的水平等的认定，也必须以充分的证据材料为基础，给出客观、公正的鉴定结果。

主管单位在复审时也需按照以上原则进行审查。

国网人才中心组织对相关举报进行查处过程中，也将按以上原则进行核查和处理。

第二十条 **实际总积分与加权总积分的关系。**实际总积分与加权总积分的区别在于，是否包含了"政治表现、职业道德"、是否符合"规定学历前提下的规定年限"等 3 个评价因素。若三者均为"是"，则加权总积分等于实际总积分；若三者有一项为"否"，则加权总积分为 0。其中，"政治表现、职业道德"由所在单位评价；"规定学历前提下的规定年限"以"在线积分评定系统"计算为准。

第二十一条 **公示问题处理。**详见国网人才中心最新修订版《职称申报规范》中"其他说明"的相关条款。

第四章　业绩鉴定和复审组织

第二十二条 **各单位要成立鉴定委员会。**为确保申报者专业理论水平（规定学历层次及专业对口情况）、职称与专业年限、主要贡献和作品成果等业绩内容及其所有佐证材料的真实、准确，需由申报者所在单位成立"鉴定委员会"并报主管单位备案管理。"鉴定委员会"负责鉴定申报者专业理论水平、主要贡献和作品成果和完成申报人员所在单位评价意见等全部工作，原则上组成人员不得少于 5 人，主任由单位分管专业技术人才队伍建设的领导担任。"鉴定委员会"需对鉴定和评价结果的真实、准确全权负责，并在主管单位和国网人才中心规定的时限内完成鉴定、评价的全面工作。

第二十三条 **主管单位要成立复审专家组。**为确保对申报者水平业绩评价能统一标准，确保评价结果客观公正，需由主管单位成立"复审专家组"，对经申报者所在单位鉴定后的专业理论水平（规定学历层次及专业对口情况）、职称与专业年限、主要贡献和作品成果、水平能力、申报者所在单位评价意见及其所有佐证材料进行复审和确认。"复审专家组"需在国网人才中心规定的时限内完成复审工作。

第五章　专 业 与 能 力 考 试

第二十四条　参考人选的确定。加权总积分达标者方可进入专业与能力考试阶段。根据各系列中级《评审条件》和《业绩积分标准》，对申报者申报材料进行审查、鉴定、评价、复审、公示后，加权总积分达到满分60%的，进入专业与能力考试阶段。

第二十五条　专业与能力考试内容。专业与能力考试内容将依据相应系列《评审条件》中"专业理论水平要求"和"工作经历和能力要求"且通过业绩积分不好界定的、且必须掌握的综合知识与综合能力等原则进行确定；按知识类和能力类2部分且各占一定比重设计考卷。知识类主要考查与申报专业相关的通用基础理论知识、专业知识，以及电力与能源战略、企业文化、相关管理规章制度等；能力类主要考查从事相应专业技术工作所应具备的综合能力。

第二十六条　考试时间与考题类型。专业与能力考试时间为150分钟。参考人员在考前登录电力人力资源网，自行打印准考证。参加考试时必须携带本人身份证和准考证到指定考场参加考试。考题类型全部为客观题，由单选、多选和判断等题型组成，满分100分。

第二十七条　考务组织与相关要求。专业与能力考试组织工作由国网人才中心统一负责，具体考务工作委托第三方考试服务机构实施。各单位要做好考务和考试纪律宣贯工作，派专人参与相应考点的现场巡考工作，共同维护考试秩序。一旦出现严重违规问题，将取消参考人员考试资格并视情况对相关人员进行通报批评。

第六章　综 合 评 定

第二十八条　评定结果确定。根据《国网人资部关于印发〈国家电网有限公司中级职称自主评审工作规范〉的通知》（人资培〔2021〕37号），个人"加权总积分"与"专业与能力考试"成绩按6:4比例进行加权计算，个人"加权总积分"与"专业与能力考试"成绩加权后评定总分达到70 分且考试分数达到 60 分，即为通过所申报系列中级职称的评定。

第二十九条 评定后续工作。评定通过名单将进行网上"公开审查"；主管单位接国网人才中心印发的职称通过文件和制发的职称证书后，需将各类鉴定、评价、复审意见等纸质材料返回至所在单位留存至少 3 年。

第七章 附　则

第三十条 自申报者报名参加中级职称业绩积分开始至取得中级职称的评定工作全过程，将始终在公众监督下进行，以此充分体现职称评定工作"公开、公平、公正"的原则。

第三十一条 本办法自印发之日起执行。

附件 2

副高级职称在线积分评定管理办法

第一章　总　　则

第一条　为客观、公正、科学地评价申报副高级职称专业技术人员的学识和水平，鼓励多出成果、多出人才，促进电力科技进步与发展，适应人才强企战略需要和人才成长规律，在副高级职称评定工作中实行专业技术水平、能力、业绩在线积分，国网人才评价中心（以下简称国网人才中心）特制定本办法。

第二条　在线积分评定办法采取申报者专业理论水平积分、中级职称取得年限积分、主要贡献和作品成果积分、水平能力积分和所在单位评价积分、评委专家在线评审打分等多维评价方式进行评定。

第三条　本办法适用于国家电网有限公司系统各单位和其他履行国网人才中心职称评定工作程序全过程以及委托评审单位的相关专业申报者。

第二章　评　定　程　序

第四条　申报者自取得中级职称后，即可依据副高级《评定标准》，在网上报名参加相应系列副高级职称在线积分。

第五条　申报者登录电力人力资源网"职称申报系统"，打印"主要贡献和作品成果鉴定意见表"和"所在单位评价意见表"。

第六条　所在单位对申报者申报材料进行审查、鉴定、评价、公示。申报单位人力资源部门登录"申报或主管单位职称审查系统"，录入鉴定和评价意见结果，并将数据和纸质材料提交主管单位。

第七条 主管单位（需登录该系统）复审并确认后，"职称申报系统"按统一规范的副高级《业绩积分标准》计算出各项实际积分和实际总积分，实际总积分与政治表现、职业道德经加权后得出加权总积分。

第八条 加权总积分达标者方可进入相应系列评审委员会正式评审阶段；相应系列评审委员会在线审查申报者所有业绩情况（即专业技术水平、能力、业绩、中级职称取得年限相关电子材料，下同），根据副高级《评定标准》及其《业绩积分标准》进行相应系列评审委员会全体评委专家"背靠背"打分，计算得出评审平均分。

第九条 最终评定结果为相应系列评审委员会评审平均分，评委会平均分达标者为评定通过，评定通过名单进行网上"公示"。

第十条 "公开审查"无误后，由国网人才中心印发职称通过文件，印发职称证书并将通过职称评定名单转入"历年职称备查库"，由申报单位或主管单位使用"申报或主管单位职称审查系统"打印《评定表》、入档。

第三章 实操方法与积分标准

第十一条 依据各系列副高级《评审条件》《评定标准》制定的副高级《业绩积分标准》主要按专业理论水平、中级职称取得年限、主要贡献和作品成果、水平能力、申报人员所在单位评价5部分内容确定并统一整定于"在线积分评定系统"中。将经相应组织审查、鉴定、评价、公示后的申报者该5部分鉴定及评价意见录入该系统中，该系统将自动给出申报者各项实际积分及加权总积分。

第十二条 专业理论水平积分。该积分标准主要按学历（学位）层次、专业及与申报专业一致性进行量化。其中，所学专业对口与否，以最新版《职称申报规范》为准。申报者提供的学历（学位）证书需经所在单位审查鉴定。

专业理论水平积分标准分值为：

博士且专业对口30分；

硕士且专业对口以及博士但专业不对口 20 分；

双学士且专业对口 18 分；

本科且专业对口（含双学士单一专业对口，下同）、硕士但专业不对口、双学士但两个专业均不对口 15 分；

本科但专业不对口 5 分；

大专及以下学历且高级会计师、高级经济师"考评结合"考试合格 15 分；

大专且专业对口 5 分；

中专及以下学历和大专但专业不对口 0 分。

第十三条　中级职称取得年限积分。

符合以下条件之一，取得现职称后年限积分标准分值为 50 分：博士且中级职称满 2 年；硕士（含学制满 2 年的国外硕士认定中级职称、2022 年 3 月 22 日及以后学制不满 2 年的国外硕士满 4 年认定中级职称、2022 年 3 月 22 日以前学制不满 2 年的国外硕士满 3 年认定中级职称）及以下学历且中级职称满 5 年；2022 年 3 月 22 日及以后学制不满 2 年的国外硕士不满 4 年认定中级职称、2022 年 3 月 22 日以前学制不满 2 年的国外硕士不满 3 年认定中级职称且中级职称满 6 年；取得高级技师资格满 4 年。

对于年限破格申报人员，取得现职称后年限积分标准分值为：

符合以下条件之一，积分为 35 分：博士且中级职称满 1 年；硕士（含学制满 2 年的国外硕士认定中级职称、2022 年 3 月 22 日及以后学制不满 2 年的国外硕士满 4 年认定中级职称、2022 年 3 月 22 日以前学制不满 2 年的国外硕士满 3 年认定中级职称）及以下学历且中级职称满 4 年；2022 年 3 月 22 日及以后学制不满 2 年的国外硕士不满 4 年认定中级职称、2022 年 3 月 22 日以前学制不满 2 年的国外硕士不满 3 年认定中级职称且中级职称满 5 年；

取得高级技师资格满 3 年。

符合以下条件之一，积分为 20 分：硕士（含学制满 2 年的国外硕士认定中级职称、2022年3月22日及以后学制不满2年的国外硕士满4年认定中级职称、2022年3月22日以前学制不满2年的国外硕士满3年认定中级职称）及以下学历且中级职称满3年；2022年3月22日及以后学制不满2年的国外硕士不满4年认定中级职称、2022年3月22日以前学制不满2年的国外硕士满3年认定中级职称且中级职称满4年；取得高级技师资格满2年。

符合以下条件之一，积分为5分：硕士（含学制满2年的国外硕士认定中级职称、2022年3月22日及以后学制不满2年的国外硕士满4年认定中级职称、2022年3月22日以前学制不满2年的国外硕士满3年认定中级职称）及以下学历且中级职称满1年；2022年3月22日及以后学制不满2年的国外硕士不满4年认定中级职称、2022年3月22日以前学制不满2年的国外硕士满3年认定中级职称且中级职称满3年；取得高级技师资格满1年。

符合以下条件之一，积分为0分：硕士（含学制满2年的国外硕士认定中级职称、2022年3月22日及以后学制不满2年的国外硕士不满4年认定中级职称、2022年3月22日以前学制不满2年的国外硕士满3年认定中级职称）及以下学历且中级职称满1年；2022年3月22日及以后学制不满2年的国外硕士不满4年认定中级职称、2022年3月22日以前学制不满2年的国外硕士不满3年认定中级职称且中级职称满2年。

第十四条　主要贡献和作品成果积分。该积分标准，依据各系列副高级《评定标准》"申报人员技术资历鉴定标准"中"主要贡献"和"作品成果"两条相应条款进行量化。由所在单位"鉴定委员会"依据申报者提供的其使用"职称申报系统"打印出的"主要贡献和作品成果鉴定意见表"和获奖证书、发表作品等材料，进行审查、鉴定并选择填涂、签字、盖章；由申报单位人力资源部门在"申报或主管单位职称审查系统"中录入鉴定结果并连同所有经鉴定的纸质材料报主管单位复审；经主管单位复审并确认后，该系统将给出主要贡献和作品成果的实际积分。

主要贡献和作品成果积分标准分值为：

"主要贡献"达标 18 分、业绩突出者可增至 46 分；"作品成果"达标 6 分、业绩突出者可增至 12 分。

第十五条　水平能力积分。 该积分标准，依据电力英语、计算机水平考试情况进行量化。参加国网人才中心组织的电力英语、计算机水平考试，考试结果由"职称申报系统"自动识别。

水平能力积分标准分值为：

英语水平合格 4 分，不合格 0 分；

计算机水平合格 8 分，不合格 0 分。

第十六条　申报人员所在单位评价积分。 该积分标准，依据各系列副高级《评定标准》"申报人员所在单位评价标准"中相应条款、专业进行量化。包括两部分，一是政治表现，二是申报人主要工作经历和能力。由所在单位"鉴定委员会"依据申报者提供的其使用"职称申报系统"打印出的"所在单位评价意见表"进行评价并选择填涂、签字、盖章；由申报单位人力资源部门在"申报或主管单位职称审查系统"中录入评价结果并连同所有经评价的纸质材料报主管单位复审；经主管单位复审并确认后，该系统将给出申报人员所在单位评价的实际积分。

申报人员所在单位评价积分标准分值为：0～20 分。

第十七条　实际总积分与加权总积分的关系。 实际总积分与加权总积分的区别在于，是否包含了"政治表现、职业道德"两个评价因素并加权计算。若 2 者均为"是"，则加权总积分等于实际总积分；若 2 者有 1 项为"否"，则加权总积分为 0。其中，"政治表现、职业道德"由所在单位评价。

第十八条　评审委员会评审打分。 相应系列评审委员会正式评审实行在线评审打分方式。在线评审打分将根据申报者专业理论水平、中级职称取得年限、主要贡献和作品成果、水平能力、申报人员所在单位评价 5 部分鉴定和评价情况进行；"在线积分评定系统"将按统一规范的程序，计算并给出每位被评者的评委会评审打分结果。

评审委员会评审打分标准分值为：0～100 分。

第十九条　在线评审后续工作。评定通过名单将进行网上"公开审查"；主管单位接国网人才中心印发的职称通过文件和制发的职称证书后，需将各类鉴定、评价意见等纸质材料返回至所在单位留存至少 3 年。

第四章　附　　则

第二十条　各单位要成立鉴定委员会。为确保申报者专业理论水平、主要贡献和作品成果的真实、准确，需由申报者所在单位成立"鉴定委员会"并报主管单位备案管理。"鉴定委员会"作为鉴定申报者专业理论水平（规定学历层次及专业对口情况）、中级职称取得年限、主要贡献和作品成果、水平能力、完成申报人员所在单位评价意见等全部工作的权威机构，组成人员不得少于 5 人，主任原则上由单位分管专业技术人才队伍建设的领导担任。"鉴定委员会"需对鉴定和评价结果的真实、准确全权负责，并在主管单位和国网人才中心规定的时限内完成鉴定、评价的全面工作。

第二十一条　主管单位要成立复审专家组。为确保对申报者水平业绩评价能统一标准，确保评价结果客观公正，需由主管单位成立"复审专家组"，对经申报者所在单位鉴定后的专业理论水平（规定学历层次及专业对口情况）、中级职称取得年限、主要贡献和作品成果、水平能力、申报者所在单位评价意见及其所有佐证材料进行复审和确认。"复审专家组"需在国网人才中心规定的时限内完成复审工作。

第二十二条　所在单位鉴定、主管单位复审和国网人才中心查处原则。所在单位对申报人员"工作经历和能力"进行鉴定时，必须依据评价标准各条款对应的具体评分标准，对申报者提供的直接证明和支撑材料进行鉴定，给出的鉴定结果做到有据可查。对申报者在某项工作中的参与角色的认定，必须以该成果（或项目、专业工作）的立项书、结题书、鉴定意见等正式且直接相关的材料中的成员名单为依据；对成果的级别、成果的推广应用范围、承担工程的规模、工作量的大小等的认定，也必须以申报者提供的与成果直接相关的正式材料为依据；对申报者参与制定的教材、技术规范、标准等成果的出版状况（公开出版、内部发行、非正式稿）和颁发状况（正式颁发、已定稿但未正式颁布、仅完成起草），需进行客观准确的界定；对申报者在专业工作领域的熟悉程度、对相关工具或技能的掌握程度、提交技术报告的水平等的认定，也必须以充分的证据材料为基础，给出客观、公正的鉴定结果。

主管单位在复审时也需按照以上原则进行审查。

国网人才中心组织对相关举报进行查处过程中，也将按以上原则进行核查和处理。

第二十三条 自申报者报名参加副高级职称业绩积分开始至取得副高级职称的评定工作全过程，将始终在公众监督下进行，以此充分体现职称评定工作"公开、公平、公正"的原则。

第二十四条 本办法自印发之日起执行。

附件 3

电力工程技术正高级职称申报要求

一、适用范围

电力工程技术主要包括热能动力工程、水能动力工程、输配电及用电工程和电力系统及其自动化专业。

1. 热能动力工程

包括发电机、锅炉、汽轮机、燃气轮机、热工过程控制及其仪表、供热与制冷、建筑与安装、物料输送、金属与焊接、火电厂化学、工程测量、环境保护、新型发电技术及其他与热能动力工程有关的专业。

2. 水能动力工程

包括发电机、水能利用（含水库）、工程地质、水文泥沙、水力机械、水工建筑物、金属结构、水电厂自动化、工程测量、环境保护、新能源发电技术及其他与水能动力工程有关的专业。

3. 输配电及用电工程

包括电动机、变压器、绝缘技术、高低压电器设备、输电线路和变电站、配电与用电系统及控制、电气测量技术、工程测量、环境保护、电能质量管理及其他与输配电及用电工程有关的专业。

4. 电力系统及其自动化

包括电力系统规划与设计、电力系统运行与分析、电力系统自动化、继电保护及安全自动装置、电力系统通信及其他与电力系统及其自动化有关的专业。

二、业绩条件

（一）取得高级工程师职称后，具备下列业绩贡献条件之一：

1. 作为主要完成人，完成国家 1 项及以上或省部级 2 项及以上大型工程的可行性研究、设计、施工或调试，通过审查或验收。

2. 作为主要完成人，完成国家级 1 项或省部级 2 项科技项目，通过审查或验收，有重大创新性。

3. 作为主要完成人，在科技攻关或工程实践中，解决关键领域技术难题或填补国内同行业某一技术领域空白，并通过省部级及以上有关部门组织的评审或鉴定。

4. 提出科技建议，1 项被国家有关部门或 2 项被省部级有关部门采纳；完成 1 项及以上在本行业（本系统）推行的技术管理系统工程。经实践检验取得显著成效，对科技进步或专业技术发展有重大促进作用。

5. 获得国家科学技术进步奖 1 项；省部级科学技术进步奖一等奖 1 项或二等奖 2 项或三等奖 3 项；省公司级科学技术进步奖（主要完成人）一等奖 3 项或二等奖 4 项或三等奖 4 项；优秀设计、优质工程等专业专项奖国家级 1 项或省部级 3 项或省公司级（主要完成人）4 项。

6. 作为第一发明人，获得具有显著经济和社会效益的发明专利 1 项或实用新型专利 4 项，并获省部级及以上专利奖或提供成果转化合同（转化效益证明）。

（二）取得高级工程师职称后，具备下列作品成果条件之一：

1. 独立或作为第一作者，在公开出版发行的期刊上发表本专业论文 3 篇及以上，其中核心期刊或被 SCI、EI 收录的论文至少 1 篇。上述公开发表的论文，经专家审核，确有创新或对工程工作具有重要指导意义。

2. 作为主要作者，公开出版本专业有较高学术价值或实用价值的著作 1 部，其中本人撰写部分不少于 5 万字。

3. 作为主要作者，公开出版本专业有较高实用价值的教材或技术手册 2 本，其中本人撰写部分不少于 5 万字。

4. 参与编写或修订省部级及以上电力工程方面的标准、导则、规范、规程等 2 项（团标或企标 3 项）及以上，并颁布实施或公开发行。

工业工程技术正高级职称申报要求

一、适用范围

工业工程技术主要包括系统规划与管理、设施规划与设计、方法与效率工程、生产计划与控制、质量与可靠性管理、营销工程、工业安全与环境以及人力资源开发与管理等与工业工程有关的专业。

二、业绩条件

（一）取得高级工程师职称后，具备下列业绩贡献条件之一：

1. 作为主要完成人，完成国家 1 项及以上或省部级 2 项及以上大型工程的可行性研究、设计、施工或调试，通过审查或验收。

2. 作为主要完成人，完成国家级 1 项或省部级 2 项科技（管理）项目，通过审查或验收，有重大创新性。

3. 作为主要完成人，在科技攻关或工程实践中，解决关键领域技术难题或填补国内同行业某一技术领域空白，并通过省部级及以上有关部门组织的评审或鉴定。

4. 提出科技建议，1 项被国家有关部门或 2 项被省部级有关部门采纳；完成 1 项及以上在本行业（本系统）推行的技术管理系统工程。经实践检验取得显著成效，对科技进步或专业技术发展有重大促进作用。

5. 获得国家科学技术进步奖 1 项；省部级科学技术进步奖一等奖 1 项或二等奖 2 项或三等奖 3 项；省公司级科学技术进步奖（主要完成人）一等奖 3 项或二等奖 4 项或三等奖 4 项；在本专业领域的研究成果获得国家级管理创新奖 2 项，或省部级管理创新奖（主要完成人）一等奖 2 项或二等奖 3 项或三等奖 3 项（含相应专业奖项）。

6. 作为第一发明人，获得具有显著经济和社会效益的发明专利 1 项或实用新型专利 4 项，并获省部级及以上专利奖或提供成果转化合同（转化效益证明）。

（二）取得高级工程师职称后，具备下列作品成果条件之一：

1. 独立或作为第一作者，在公开出版发行的期刊上发表本专业论文 3 篇及以上，其中核心期刊或被 SCI、EI、SSCI、ISTP 收录的论文至少 1 篇。上述公开发表的论文，经专家审核，确有创新或对工程工作具有重要指导意义。

2. 作为主要作者，公开出版本专业有较高学术价值或实用价值的著作 1 部，其中本人撰写部分不少于 5 万字。

3. 作为主要作者，公开出版本专业有较高实用价值的教材或技术手册 2 本，其中本人撰写部分不少于 5 万字。

4. 参与编写或修订省部级及以上工业工程方面的中长期发展战略、企业经营规划、重要管理标准、导则、制度、规范、规程等 2 项及以上，并颁布实施或公开发行。

经济系列正高级职称申报要求

一、适用范围

适用于从事经济专业技术工作的人员。涉及专业包括计划管理、企业管理、人力资源管理、电力营销管理、物资管理、工程造价管理等六类。

二、业绩条件

（一）取得高级经济师职称后，具备下列业绩贡献条件之一：

1. 从事经济研究工作，参与完成国家级课题 1 项；作为主要完成人参与省部级重点课题 2 项，并通过验收或结题，成果经济效益显著。

2. 主持本专业领域管理改革，创造性地提出改进和加强管理的重要思路、意见和措施，并成功应用于经营管理等工作实践，在省公司级及以上单位推广，经验收认定取得较大的管理效益和经济效益。

3. 提出经营管理或经济技术建议，1 项被国家有关部门或 2 项被省部级有关部门采纳，对科技进步、专业技术发展或提高管理水平、经济效益具有重大促进作用。

4. 获得国家科学技术进步奖 1 项；省部级科学技术进步奖一等奖 1 项或二等奖 2 项或三等奖 3 项；省公司级科学技术进步奖（主要完成人）一等奖 3 项或二等奖 4 项或三等奖 4 项；在经济领域的研究成果获得国家级管理创新奖 2 项，或省部级管理创新奖（主要完成人）一等奖 2 项或二等奖 3 项或三等奖 3 项（含相应专业奖项）。

（二）取得高级经济师职称后，具备下列作品成果条件之一：

1. 独立或作为第一作者，在公开出版发行的期刊上发表本专业论文 3

79

篇及以上，其中核心期刊或被 SCI、EI、SSCI、ISTP 收录至少一篇。上述公开发表论文，经专家审核，确有创新或对经济工作具有重要指导意义。

2. 作为主要作者，公开出版本专业有较高学术价值或实用价值的著作 1 部或教材、技术手册 2 部，其中本人撰写部分不少于 5 万字。

3. 参与编写或修订省部级及以上经济技术或经济管理等方面的中长期发展战略、企业经营规划、重要管理标准、制度、规范、规程等 2 项及以上，并颁布实施或公开发行。

4. 主持完成省公司级及以上本专业相关研究报告、项目报告等代表性成果，并在本专业领域内具有重大影响，得到有效应用。

会计系列正高级职称申报要求

一、适用范围

适用于从事会计专业技术工作的人员。

二、业绩条件

（一）取得高级会计师职称后，具备下列业绩贡献条件之一：

1. 在本专业管理工作中，作为主要完成人参与省部级及以上或主持完成省公司级及以上会计相关领域重大项目 2 项，通过审查或验收，解决重大会计相关疑难问题或关键性业务问题，提高单位管理效率或经济效益。

2. 作为主要完成人，在提升企业经济效益方面取得显著工作业绩，企业电价、净利润、利润总额、营业收入利润率、资产负债率等主要经济指标达到全国或本省同行业先进水平，并得到省公司级单位认可。

3. 作为主要完成人，在会计改革、规范管理、重组改制、风险防范、政策争取、管理创新等方面管理实践取得显著工作业绩，并得到省部级有关部门认可、推广或表彰。

4. 获得国家科学技术进步奖 1 项；省部级科学技术进步奖二等奖及以上 1 项或三等奖 2 项；省公司级科学技术进步奖三等奖及以上 3 项；会计领域专项奖国家级 1 项或省部级 2 项或省公司级（主要完成人）3 项。

（二）取得高级会计师职称后，具备下列作品成果条件之一：

1. 独立或作为第一作者，在公开出版发行的期刊或学术会议（实证会计国际研讨会、中国会计学会学术年会、CJAS 学术研讨会等）发表本专业论文 3 篇及以上，其中，核心期刊或被 SCI、EI、SSCI、ISTP、AHCI 收录的论文至少 1 篇。上述公开发表的论文，经专家审核，确有创新或对会计实务工作具有重要指导意义。

2. 作为主要作者，公开出版本专业有较高学术价值或实用价值的著作 1 部或教材、技术手册 2 部，其中本人撰写部分不少于 5 万字。

3. 参与编写修订省部级及以上或主持编写修订省公司及以上会计、财务管理等方面的标准、制度、规范、规程等 2 项及以上，并颁布实施或公开发行。

4. 主持完成省公司级及以上本专业相关研究报告、项目报告、财务规划等代表性成果，并在本专业领域内具有重大影响，得到有效应用。

技工院校教师系列正高级职称申报要求

一、适用范围

适用于技工院校、培训机构从事教学及相关专业技术工作的人员，申报者均须取得相应教师资格。

二、业绩成果要求

（一）取得高级讲师（高级实习指导教师）职称后，具备下列业绩贡献条件二项及以上：

1. 主持或作为核心骨干组织技工院校或培训机构教学管理变革、一体化教学和云教学等改革、教学评估类或申报示范性与优秀院校、宏观教学研究等工作，并获得省部级及以上表彰奖励。

2. 主持教研团队或作为核心骨干组织开发完成省部级及以上的精品课程或网络共享课程或教学资源库1项及以上。

3. 最近三年坚持师带徒，主持建设并经过省部级及以上发布的实训基地1个及以上，或主持、组织过校企融合团队对企业技改、科技项目攻关且经过省部级及以上相关部门鉴定验收或表彰奖励。

4. 教师本人参加教师说课、微课、示范课、教案、课件制作等教学类大奖赛取得省部级二等奖或国家级优胜奖及以上奖励。

5. 教师本人参加技能竞赛获省部级技能大赛二等奖及以上奖励，或中华技能大奖赛和全国技术能手省部级分赛二等奖及以上或国家级赛优胜奖及以上荣誉称号。

6. 作为排名第一的教师，指导职工或学生参加本专业相关的技能竞赛，获省部级技能大赛一等奖及以上或国家级赛三等奖及以上奖励。

7. 主持的科技项目获得国家级科技进步奖优秀奖及以上或省部级科技进步三等奖及以上或省部级教学成果奖一等奖及以上；主持省部级及以上课题研究 1 项或参与省部级及以上揭牌科研项目 1 项（前三名）并通过结题或验收。

8. 作为第一发明人，获得与所从事专业或教学有关的发明专利 2 项及以上。

9. 组建以教师本人为核心的省部级及以上的技能大师工作室团队或省部级及以上发布的校企融合教学工作团队。

（二）取得高级讲师（高级实习指导教师）职称后，具备下列作品成果条件之一：

1. 独立或作为第一作者，在中文核心期刊上正式发表或被 SCI、EI、SSCI 收录的本专业教育教学研究论文或学术论文 1 篇及以上。

2. 独立或者作为第一作者正式出版学术专著 1 本，或作为主编公开出版教材 1 本，或作为排名第二的编者公开出版教材 2 本，且广泛使用，效果良好。

3. 主持或主笔（前三名）编写省部级及以上职业教育与职业培训类标准、规范、规程等，并颁布实施或公开发行。

档案系列正高级职称申报要求

一、适用范围

适用于从事档案专业技术工作的人员。

二、业绩条件

（一）取得副研究馆员职称后，具备下列业绩贡献条件之一：

1. 在档案科研、档案现代化管理等工作中，完成具有高水平的技术项目、编研成果等，并经国家档案局认定。

2. 获得档案工作国家级奖项；省部级科技进步（成果）奖三等奖及以上；省部级管理创新等专项奖二等奖及以上。并且是获奖项目的主要完成者。

（二）取得副研究馆员职称后，具备下列作品成果条件之一：

1. 在核心期刊（含 SCI、EI、SSCI 等收录）上发表本专业论文 2 篇及以上（至少 1 篇为独立撰写或第一作者）。上述公开发表的论文，确有创新或对工作具有重要指导意义。

2. 作为主要作者，公开出版过本专业有较高学术价值或实用价值的著作、教材、技术手册等。

3. 作为主要完成者，参与本专业国家、行业或省部级规范、标准等的编制工作，并批准实施。

4. 在编研工作中，作为主要作者公开出版过 20 万字以上、深层次加工并具有较高利用价值的编研史料或参考材料。

卫生系列正高级职称申报要求

一、适用范围

适用于从事卫生系列医、药、护、技专业技术工作的人员。

二、业绩条件

（一）取得副主任医（药、护、技）师职称后，符合下列相应工作量要求：

主任医师：重点从技术能力、质量安全、资源利用、患者管理四个维度对工作进行总结，平均每年参加日常门急诊工作时间原则上不得少于90个半天，主持查房40次以上。具体可包括参加专业工作天数、门（急）诊人次数、出院人次数等。

主任药师：重点从技术能力、质量安全、资源利用、患者管理四个维度工作进行总结，平均每年参加药学专业工作时间不少于35周。具体可包括参加专业工作天数、完成药历份数、提供临床咨询次数等。

主任护师：重点从技术能力、质量安全、资源利用、患者管理四个维度工作进行总结，平均每年参加临床护理、护理管理、护理教学工作总计不少于35周。具体可包括参加专业工作天数、护理专科门诊天数等。

主任技师：重点从技术能力、质量安全、资源利用、患者管理四个维度工作进行总结，平均每年参加医技专业工作时间不少于35周。具体可包括参加专业工作天数、完成检验/检查项目数、高风险操作/特殊检查人次数等。

（二）取得副主任医（药、护、技）师职称后，具备下列业绩贡献条件之一：

1. 解决本专业复杂问题形成的临床病案、手术视频、护理案例、应急处置情况报告、技术指导报告等 1 项。

2. 吸取新理论、新知识、新技术形成的与本专业相关的技术专利或开展具有国内外先进水平的新技术、新业务。

3. 获得省部级及以上科技进步（成果）奖。

4. 参加国家级、省部级科普教育工作并获得资格证书。

（三）取得副主任医（药、护、技）师职称后，具备下列作品成果条件之一，其中第 1 条为必备项：

1. 独立或作为第一作者，在国家级医学专业学术刊物上发表论文 3 篇及以上，其中核心期刊或 SCI 收录的论文至少 1 篇（必备条件）。

2. 作为主要作者，公开出版本专业有较高学术价值或实用价值的著作 1 部。

3. 参与研究形成国家或地方行业技术规范、卫生标准，并颁布实施或公开出版发行。

以上业绩条件中，（二）业绩贡献、（三）作品成果需满足合计至少三项。

新闻系列正高级职称申报要求

一、适用范围

适用于在有正式刊号并公开发行的报纸、期刊和经正式批准的电视、网站、新媒体等单位从事记者、编辑、摄影摄像、美术编辑等工作并持有新闻记者证的专业人员。

二、业绩条件

（一）取得主任记者、主任编辑职称后，具备下列业绩贡献条件之一：

1. 作为主要负责人，策划、组织完成过 5 次及以上电力行业重大新闻报道或新媒体重大主题传播项目，并获省部级及以上奖项，其中有 1 篇获一等奖或 2 篇获二等奖。

2. 单独或主笔采写的新闻稿件被报刊采用的数量不少于 30 万字，有 5 篇作品获省部级及以上奖项，其中有 1 篇获一等奖或 2 篇获二等奖。

3. 主持并负责组稿、编稿、审稿、组版等编辑工作，审稿符合公开发表要求的稿件 500 万字及以上，编稿符合公开发表要求的稿件 100 万字及以上，有 5 篇作品获省部级及以上奖项，其中 1 篇获一等奖或 2 篇获二等奖。

4. 主持并负责新媒体策划、采写、编辑、制作、审核、发布等工作，审核符合公开发布要求的作品 400 件及以上，编辑制作符合公开发布要求的作品 200 件及以上，至少有 10 件作品单条阅读（点击）量在 10 万以上，有 5 件作品获省部级及以上奖项，其中 1 件获一等奖或 2 件获二等奖。

5. 精通新闻体裁照片的拍摄技能，独立拍摄的新闻摄影作品发表达到 100 幅及以上，有 5 幅摄影作品获省部级及以上奖项，其中 1 幅获一等奖或 2 幅获二等奖。

（二）取得主任记者、主任编辑职称后，具备下列作品成果条件之一：

1. 独立或作为第一作者，在公开出版发行的报刊上发表本专业论文 3 篇及以上。

2. 作为主要作者，公开出版本专业有较高学术价值或实用价值的著作、教材、技术手册等 1 部，其中本人撰写部分不少于 5 万字。

3. 参与编写或修订省部级及以上新闻工作技术（管理）标准、制度、规范、规程等 2 项，并颁布实施。

4. 主持编写或修订省公司级及以上新闻工作技术（管理）标准、制度、规范、规程等 5 项，并颁布实施。

附件 4

正高级职称答辩实施办法

第一章 总 则

第一条 为客观、公正、科学地评价申报正高级职称人员的专业水平，鼓励多出人才，促进电力科技进步与发展，适应人才强企战略需要，在正高级职称评定工作中实行统一答辩，国网人才评价中心（以下简称国网人才中心）特制定本办法。

第二条 本办法适用于国家电网有限公司系统各单位和其他履行国网人才中心职称评定工作程序全过程以及委托评审单位相关专业的正高级职称申报人员。

第三条 正高级职称答辩（以下简称"答辩"）按照各专业类别统一组织实施，原则上以分支专业成立答辩专家小组，由各小组组长组织对本组申报人员进行答辩。答辩专家小组的组成，需由国网人才中心与相应系列正高级职称评审委员会研究确定。答辩的总体流程：申报者自述、答辩专家提问及申报者答辩、专家点评、小组评价。

第二章 答辩程序及要求

第四条 确定答辩人员。依据各系列《评审条件》，通过各主管单位复审且在电力人力资源网公布的入围当年度正高级职称申报者，为参加被答辩者人选。

第五条 成立答辩专家组。由各系列正高级职称评审委员会负责，成立本专业正高级职称答辩专家组，并根据本年度申报者具体情况可分为若干答辩小组，筹备答辩具体工作。

第六条　答辩报到。答辩者按答辩通知要求按时到指定地点报到并办理相关手续。不得以任何理由违反规定，影响答辩。

第七条　答辩前准备。被答辩者根据公布的答辩时间表，于本人答辩开始前 30 分钟到达答辩等候室。工作人员请被答辩者进入答辩室之前，被答辩者要出示相关证件，以便工作人员查验。

被答辩者进入答辩室后将手机关闭或设置为无声状态。

第八条　开展答辩。每名被答辩者答辩时间为 15 分钟左右，流程主要包括申报人员自述、答辩专家提问及被答辩者答辩、专家点评三个主要环节。

被答辩者自述环节不超过 3 分钟。自述内容主要包括：本人基本情况、专业学习和专业工作经历、主要研究方向和成果、业绩贡献、对本专业领域发展前景和趋势的认识和学习情况，以及对本人今后专业工作的计划和设想。被答辩者答辩时不得携带任何讲稿和提纲。

答辩专家提问及答辩环节 12 分钟左右。答辩专家向被答辩者提出答辩问题，由被答辩者现场作答。答辩以问答为主，可多次随机追问，通过答辩考察了解答辩论文的真伪、学术水平的高低，衡量被答辩者的科研成果在所从事专业领域内的学术位置和作用。答辩专家同时做好书面记录。

第九条　被答辩者离场。答辩结束后，被答辩者需听从工作人员指挥且立即自行离开答辩会议场所；不得在答辩所在地无故停留；不得以任何形式与尚未完成答辩的其他被答辩者交流答辩相关内容。

第十条　小组评价。各小组的被答辩者完成答辩并离场后，答辩专家对组内各被答辩者答辩情况进行集中讨论和综合评价，由每名答辩专家依据本专业答辩标准和答辩专家评价意见表（另发）的具体条款，独立对组内所有被答辩者进行书面评价，作为小组评价结果，待提交正高级职称评审委员会备用。

第三章　各专业系列答辩标准

第十二条　电力工程技术。熟练掌握本专业的知识，并对从事的专业方向（或工作领域）有深入的研究；熟练掌握和运用与本专业有关的现行技术法规、技术标准和技术规范；非常熟悉国家有关的法律、法规和技术政策；非常熟悉本专业的国内外技术水平、市场信息和发展趋势；熟悉两个及以上主要相关专业的有关知识及其国内外的现状和发展趋势；非常熟悉现代管理科学等知识。

第十三条　工业工程技术。熟练掌握工业工程专业的专业知识，并对从事的某一分支专业领域的主要专业知识有较深入的研究；熟练掌握与工业工程有关的技术法规、技术标准和技术规范。熟悉国家有关的法律、技术政策和技术法规；非常熟悉本专业及相关产品的国内外技术水平和发展趋势；熟悉主要相关专业的专业知识，及其国内外的现状和发展趋势。

第十四条　经济系列。全面、系统地掌握与经济有关的基础理论知识，主要包括：经济学、财政与金融、统计与会计、管理学、市场营销、经济法等方面的基础理论知识。根据所从事专业方向（或工作领域）的不同和工作实际，对所列的基础理论知识可以有所侧重；熟练掌握和运用与本专业有关的现行法规、标准和规范；非常熟悉国家有关的法律、法规和经济政策；较系统地掌握本专业的专业知识并对从事的专业方向（或工作领域）有比较深入的研究；熟悉本专业的国内外管理状况、市场信息和发展趋势。熟悉主要相关专业的有关知识及其国内外的现状和发展趋势；熟悉电力生产的基础知识。

第十五条　会计系列。具有系统、坚实的财务会计和经济理论基础知识和较高的专业理论水平，熟悉与财会工作相关经济法律、法规，通晓《中华人民共和国会计法》及各项配套法规和行业的财务会计制度，熟悉国内外现代财务管理的科学方法和发展趋势。

第十六条　技工院校教师系列。熟练掌握本专业的知识，并对从事的专业方向（或工作领域）有深入的研究；熟悉本专业的国内外技术水平、市场信息和发展趋势；熟悉主要相关专业的有关知识及其国内外的现状和发展趋势。

第十七条　档案系列。有广博的档案学知识和相关学科知识；对档案学理论研究有较深的造诣，提出过重要的有独创性的专业理论见解；对从事的专业方向（或工作领域）有深入的研究，是本专业的学术带头人；熟悉国内外本学科及主要相关学科的科学管理、技术水平、研究动态、市场信息以及发展趋势，掌握发展前沿的状况。

第十八条　卫生系列。精通本专业及相关专业的基础理论和专业技术知识，并在本专业领域有独到见解；掌握与本专业有关的法律和法规，熟练掌握本专业的技术规范、技术规程和规章制度；熟悉本专业国内外现状和发展趋势，能把新技术、新理论应用于临床和科研实践。

第十九条　新闻系列。全面、系统、深入地掌握新闻基础理论和专业知识；全面掌握与新闻专业有关的电力法规与电力政策及电力专业基本知识；熟悉本专业的国内外水平和发展趋势，并有较深刻的认识和评论；较全面掌握新闻采访、编辑、美术、摄影业务及专职工作的各种专业技能和技巧；对某学科有系统的研究和较深的造诣；有广博的科学文化知识或艺术知识；熟悉现代科学管理知识。

第四章　附　　则

第二十条　正高级职称答辩组织和实施全过程，将始终坚持职称评定工作"公开、公平、公正"的原则，严格按照相关工作流程和标准开展，答辩专家、被答辩者和工作人员需严格遵守相关答辩工作纪律，确保答辩过程的规范性和答辩结论的客观公正。

第二十一条　本办法自印发之日起执行。

附件 5

职称相关考试违纪违规行为处理规定

第一章　总　　则

第一条　为促进国家电网有限公司专业技术人才队伍建设，加强职称相关考试工作管理，保证考试的公平、公正，规范对违纪违规行为的认定与处理，维护参加考试的人员（以下简称参考人员）、从事和参与考试工作的人员（以下简称考试工作人员）的合法权益，根据《专业技术人员资格考试违纪违规行为处理规定》（人社部令第 31 号），制定本规定。

第二条　本规定所称考试是指国网人才评价中心（以下简称国网人才中心）组织的国家电网有限公司中级、副高级职称考试、电力英语及计算机水平考试等职称相关考试。考试形式包括在线视频监控考试、线下上机考试、线下纸笔考试等类型。

第三条　本规定适用于参考人员以及考务人员、其他相关人员等违反考试管理规定和考试纪律，影响考试公平、公正行为的认定与处理。

第四条　国网人才中心负责相关考试工作的组织、管理与监督、对违纪违规行为认定与处理。承办考试的机构根据合同要求负责考试具体实施。

第二章　参考人员违纪违规行为处理

第五条　参考人员在考前应认真阅读考试要求、参考人员须知等考试相关规定；应明确考试时间和考试方式等重要信息；以在线视频监控考试形式开展的考试，参考人员应准备符合考试要求的设备并在规定时间内参加试考。因参考人员未阅读考试要求及考试须知、未参加试考等个人原因致使无法正常考试的，由参考人员本人承担相应责任。

第六条　参考人员考试过程中有下列违纪违规行为之一的，取消当次科目考试成绩且由国网人才中心视情节轻重给予通报并上报人资部，建议由所在单位纳入绩效考核管理。

（一）在线视频监控考试

1. 监控设备未按照考试要求放在指定位置或未开启摄像设备、音频采集设备的；

2. 佩戴耳机、耳麦等各类接听设备的；

3. 考试过程中擅自离开座位的；

4. 在考试过程中旁窥、询问他人、打暗号或者手势的；

5. 以任何方式记录考试题目的；

6. 考试过程中监控摄像黑屏超过一分钟的；

7. 考试过程中翻看书籍、资料，使用手机、平板电脑等电子设备或使用其他具有发送或者接收信息功能设备的；

8. 作答空间内出现除参考人员外的无关人员，或通过他人协助进行作答的；

9. 考试过程中出现与考试内容相关的讨论、对话等声音的；

10. 其他经考试机构及人才中心核实，被认定为违反考试公平性的行为。

（二）线下上机考试

1. 未在规定座位参加考试，或未经考试工作人员允许擅自离开座位或者考场，经提醒仍不改正的；

2. 携带通信工具、规定以外的电子设备或者与考试内容相关的资料进入座位，经提醒仍不改正的；

3. 在考试过程中旁窥、交头接耳、互打暗号或者手势经口头警告无效的；

4. 传、接与考试无关物品的；

5. 在考场或者禁止范围内，喧哗、吸烟或者实施其他影响考场秩序的行为的；

6. 其他应当给予考试成绩无效处理的违纪违规行为。

（三）线下纸笔考试

1. 携带通信工具、规定以外的电子用品或者与考试内容相关的资料进入座位，经提醒仍不改正的；

2. 经提醒仍不按规定书写、填涂本人身份和考试信息的；

3. 在试卷、答题纸、答题卡规定以外位置标注本人信息或者其他特殊标记的；

4. 未在规定座位参加考试，或者未经考试工作人员允许擅自离开座位或者考场，经提醒仍不改正的；

5. 未用规定的纸、笔作答，或者试卷前后作答笔迹不一致的；

6. 在考试开始信号发出前答题，或者在考试结束信号发出后继续答题的；

7. 将试卷、答题卡、答题纸带出考场的；

8. 故意损坏试卷、答题纸、答题卡的；

9. 其他应当给予考试成绩无效处理的违纪违规行为。

第七条 参考人员在考试过程中有下列较为严重违纪违规行为之一的，取消当次科目考试成绩，并三年之内不得参加国网人才中心组织的同类别考试，且由国网人才中心视情节轻重给予通报并上报人资部。建议由所在单位纳入绩效考核管理，并按照员工奖惩规定给予相应处分，处理结果报国网人才中心备案。

（一）在线视频监控考试

1. 伪造资料、身份信息，替代他人或委托他人代为参加考试的；

2. 考试过程中佩戴口罩、墨镜、帽子，或用其他方式遮挡面部，故意遮挡、关闭监控摄像头，或故意偏离摄像范围等逃避监考的；

3. 以不正当手段获取试题、答案、考试成绩等的；

4. 其他情节较为严重、影响恶劣的违纪违规行为。

（二）线下上机考试

1. 代替他人或者让他人代替自己参加考试的；

2. 持伪造证件参加考试的；

3. 夹带、抄袭或者试图抄袭书籍、资料、笔记本、电子设备等的；

4. 使用手机或其他电子设备查看资料、信息，或与考场内外任何人士通信或试图通讯的；

5. 恶意操作导致考试无法正常运行的；

6. 未经许可擅自中途离开考场的；

7. 传播考试试题及答案的；

8. 其他情节较为严重、影响恶劣的违纪违规行为。

（三）线下纸笔考试

1. 抄袭、协助他人抄袭试题答案或者与考试内容相关资料的；

2. 互相传递试卷、答题纸、答题卡、草稿纸等的；

3. 持伪造证件参加考试的；

4. 传播考试试题及答案的；

5. 使用禁止带入考场的通信工具、规定以外的电子用品的；

6. 串通作弊或者参与有组织作弊的；

7. 代替他人或者让他人代替自己参加考试的；

8. 其他情节特别严重、影响恶劣的违纪违规行为。

第八条　参考人员应当自觉维护考试工作场所秩序，服从考试工作人员管理，有下列行为之一的，终止其继续参加考试，并责令离开考场；情节严重的，按照本规定第六条、第七条的规定处理；违反《中华人民共和国治安管理处罚法》等法律法规的，交由公安机关依法处理；构成犯罪的，依法追究刑事责任：

（一）故意扰乱考点、考场等考试工作场所秩序的；

（二）拒绝、妨碍考试工作人员履行管理职责的；

（三）威胁、侮辱、诽谤、诬陷考试工作人员或者其他参考人员的；

（四）严重扰乱考试秩序，危及考试工作人员安全的；

（五）其他扰乱考试管理秩序的行为。

第九条　参考人员有提供虚假证明材料或者以其他不正当手段取得相应证书或者成绩证明等严重违纪违规行为的，由证书签发机构宣布证书或者成绩证明无效，并按照本规定第七条处理。

第三章　考试工作人员违纪违规行为处理

第十条　监考人员由考试机构指定人员担任。监考人员要严格按照《考试纪律》的要求认真履行监考任务。各监考人员要在每场考试结束后将违纪违规参考人员信息核查、汇总后由考试机构统一送交国网人才中心，由国网人才中心工作人员再次审核。

第十一条　考务和监考人员要提前 30 分钟进行考试准备工作。及时发现问题并妥善解决或上报。考务和监考人员工作职责：

（一）检查考试前的准备情况；

（二）及时处理参考人员考前遇到的问题，保障考试顺利进行；

（三）检查到考率、参考人员状态及考试纪律等；

（四）纠正考试中不规范的行为。

第十二条　考试机构应在考试结束后，对考试工作进行认真的总结，从考风、考务、考试纪律、考试组织工作等方面总结经验和存在的问题，提出改进意见和建议。

第十三条　考试工作人员有下列情形之一的，终止其继续从事当年及下一年度考试工作，建议由所在单位给予处分，国网人才中心对其保留进一步追究责任的权利：

（一）考试开始前没有及时告知试考时间、正式考试时间和登录方式的；

（二）擅自提前考试开始时间、推迟考试结束时间及缩短考试时间的；

（三）提示或者暗示参考人员答案的；

（四）未准确记录考场情况及违纪违规行为，并造成一定影响的；

（五）未认真履行职责，造成考场秩序混乱或者所负责考场出现雷同试卷的；

（六）未执行回避制度的；

（七）考试期间在考场内有与监考无关行为的；

（八）其他一般违纪违规行为。

第十四条　考试工作人员有下列情形之一的，由考试机构、国网人才中心或者有关单位将其调离考试工作岗位，不得再从事考试工作，建议由所在单位给予相应处分，国网人才中心对其保留进一步追究责任的权利：

（一）因命（审）题（卷）发生错误，造成严重后果的；

（二）以不正当手段协助他人取得考试资格或者取得相应证书的；

（三）窃取、擅自更改、编造或者虚报考试数据、信息的；

（四）泄露考务实施工作中应当保密信息的；

（五）指使或者纵容他人作弊，或者参与考场内外串通作弊的；

（六）监管不严，使考场出现大面积作弊现象的；

（七）利用考试工作之便，以权谋私或者打击报复参考人员的；

（八）其他严重违纪违规行为。

第十五条　考试工作人员违反《国家电网公司保密工作管理办法》[国

网（办/2）101—2013］及有关规定，造成在保密期限内的考试试题、试卷及相关材料内容泄露、丢失的，由相关部门视情节轻重，分别给予责任人和有关负责人处分；涉嫌犯罪的，移送司法机关依法处理。

第四章 附 则

第十六条 本规定由国网人才中心负责解释。

第十七条 本规定自发布之日起施行，原《专业技术资格相关考试违规处理办法》（人才中心〔2014〕4 号）同时废止。

（三）国家电网有限公司专业技术人员继续教育管理规定

第一章 总 则

第一条 为建设具有中国特色国际领先的能源互联网企业,有效推进国家电网有限公司（以下简称"公司"）专业技术人员继续教育工作,培养造就一批素质优良、能力突出、技术过硬的高素质专业技术人才,根据《国务院关于推行终身职业技能培训制度的意见》（国发〔2018〕11号）、专业技术人员继续教育规定》（人社部令第25号）等国家政策和公司有关规章制度,制定本规定。

第二条 专业技术人员是指公司具有职称和拟参评职称的职工。

第三条 本规定所称继续教育是指专业技术人员为适应岗位需要和职业发展的要求,以提升思想道德素质、完善知识结构、增强创新能力、提高专业水平为目的的各类教育培训活动,分为公需科目和专业科目两类。

第四条 继续教育坚持"服务发展、务求实效、形式多样、按需施教"的原则,以能力建设为核心,注重与选拔、考核、评价和使用的紧密衔接,树立终身学习机制,打造学习型企业,营造终身学习的氛围。

第五条 专业技术人员享有参加继续教育的权利和接受继续教育的义务。各级单位应当为专业技术人员参加继续教育提供便利条件,主要依托各级培训机构和实训基地、职业院校、网络大学等（以下简称"继续教育基地"）开展继续教育活动,发生的继续教育费用在职工教育经费中列支。

第六条 本规定适用于总部（分部）及所属各级单位的专业技术

人员继续教育管理工作，公司各级参股、代管单位、省管产业单位参照执行。

第二章　职　责　分　工

第七条　继续教育工作坚持"归口管理、专业指导、分级负责、分类实施"的原则。各级人力资源部门是继续教育工作的归口管理部门。

第八条　国网人资部主要职责如下：

（一）贯彻落实国家继续教育政策，制定公司继续教育管理制度。

（二）组织研究完善专业技术人员能力框架，编制公需科目和专业科目指南。

（三）制定并发布继续教育方式和学时认定标准。

（四）建立公司继续教育信息化服务平台，统一管理继续教育证书。

（五）指导、监督、检查各单位继续教育工作。

第九条　分部、省公司级单位人力资源部门主要职责如下：

（一）贯彻落实国家、地方政府和公司继续教育政策，制定本单位继续教育管理实施方案。

（二）组织编制并发布本单位公需科目和专业科目。

（三）负责组织开展继续教育活动。

（四）依法合规管理继续教育相关经费。

（五）指导、监督、检查所属单位继续教育工作。

第十条　专业部门主要职责如下：

（一）公司总部专业部门负责提出本专业公需科目需求和专业科目指南。

（二）省公司级单位专业部门负责编制本专业公需科目和专业科目。

第十一条　继续教育基地的主要职责如下：

（一）落实继续教育实施方案，提供培训设备、场地和食宿服务。

（二）做好培训班等继续教育活动的资料管理和安全管理工作。

（三）加强实训设备设施建设，做好继续教育信息化服务平台的系统维护。

第三章　内　容　与　形　式

第十二条　公需科目包括专业技术人员应当普遍掌握的国家法律法规、理论政策和公司战略、企业文化、职业道德、技术信息等基本知识，以完善专业技术人员知识结构、启发创新思维、提高综合素质。

第十三条　专业科目包括专业技术人员从事专业工作应当掌握的新理论、新知识、新技术、新方法，以及时更新专业技术人员专业知识、提高业务技能。

第十四条　继续教育形式多措并举、灵活多样，通过下列方式参加与所从事专业相关继续教育活动并取得合格证或相关成果的，均计入本人当年继续教育学时：

（一）参加培训班、研修班等。

（二）参加公司网络大学、学习强国等远程教育和现场培训等。

（三）参加学术会议、学术讲座、学术访问等。

（四）正式发表出版著作、论文、专利等。

（五）参加课题研究、项目开发、标准制定等。

（六）参加继续教育实践活动等符合规定的其他继续教育方式。

专业技术人员继续教育部分专业科目学时折算标准见附件，折算学时根据实际情况不定期更新。

第四章　学时要求及档案管理

第十五条　专业技术人员参加继续教育的时间，每年累计不得少于90学时，其中专业科目不得少于60学时。继续教育学时当年度有效，不可结转使用。

第十六条　各单位每年须安排不少于30学时（公需科目10学时和专

业科目 20 学时）的必修课。

第十七条　职工因病等特殊情况不能完成继续教育学时，须在当年提出申请，经所在单位批准后，可在下一年度补修完成。

第十八条　公司建设继续教育信息化服务平台，用于公布科目指南、登记审核学时、管理学习档案及继续教育证书。

第十九条　继续教育档案应包括继续教育种类、内容、学时、考核结果等信息。

第二十条　继续教育证书实行电子化管理，年度达到学时要求者，可从继续教育信息化服务平台自行打印合格证书。

第二十一条　各单位应加强"互联网＋继续教育"应用，充分利用网络大学等平台，为基层、一线专业技术人员更新知识结构、提高能力素质提供便捷高效的服务。

第五章　组织管理及监督检查

第二十二条　专业技术人员参加继续教育情况作为职称评定的必要条件。职称认定前 1 年和评定前 3 年的继续教育年度总学时不达标的，不得申报。

第二十三条　各单位建立专业技术人员继续教育考核激励机制，把继续教育情况作为专业技术人员考核评价、人才选拔、岗位聘用、职位晋升等必要条件。

第二十四条　公司采取定期、不定期抽查等方式，每年对各单位继续教育工作情况进行监督检查，结果进行通报。各单位应建立监督检查机制，强化对专业技术人员继续教育工作的事中管控和事后评价。

第二十五条　专业技术人员通过弄虚作假等违规违纪行为取得的学时予以取消，不予发放当年度合格证书，已取得合格证书的予以撤销并通报。

第二十六条　各级单位和继续教育基地发生材料造假、审核不严、伪造记录、违规操作、乱收费等行为，予以通报批评，追究相关人员责任。

第六章 附 则

第二十七条 本规定由国网人资部负责解释并监督执行。

第二十八条 对于违反本规定，造成国有资产损失或其他严重不良后果情形的，经调查核实和责任认定后，按照国资委相关要求和《国家电网有限公司违规经营投资责任追究实施办法（试行）》追究相关人员责任。

第二十九条 本规定自 2021 年 1 月 30 日起施行。

附件：专业技术人员继续教育部分专业科目学时折算标准

附件

专业技术人员继续教育部分专业科目学时折算标准

类别	具体项目	对应学时	备注
1. 公司内部培训、研修活动	各级单位及继续教育基地举办的脱产、半脱产、远程教育等培训班、研修班	由各级单位或基地按实际培训学时数认定	
	网络大学自主学习	按网络大学规定学时认定	
2. 公司外部培训、研修活动	国家部委、地方政府、行业举办及国（境）外举办的脱产、半脱产、远程教育等培训、研修活动	由各级单位根据主办单位的活动通知认定	
3. 学历、学位教育或课程进修	考试考核合格者	15学时/课程	
4. 省部、行业（公司）级及以上课题（项目）	主持和参与主课题（项目）研究	负责人认定56学时、其他参与人员（不超过10人）认定32学时	
	主持和参与子课题（项目）研究	负责人认定48学时、其他参与人员（不超过8人）认定24学时	
5. 地市级（省公司级）课题（项目）	主持和参与主课题（项目）研究	负责人认定40学时、其他参与人员（不超过8人）认定24学时	
	主持和参与子课题（项目）研究	负责人认定32学时、其他参与人员（不超过6人）认定16学时	
6. 出版著作、译作或发表论文（署名前3名）	出版专业相关著作（译作）每万字	12学时	
	SCI、EI收录的专业刊物每篇。	48学时	
	中文核心、中国科技核心收录的专业刊物每篇	32学时	
	省级专业刊物每篇	24学时	
	具有国际标准刊号（ISSN）和国内统一刊号（CN）的刊物	24学时	

续表

类别	具体项目	对应学时	备注
7. 专利	国家知识产权局授予的发明专利	40 学时	变更专利发明人（或设计人）的专利，暂不认定
	国家知识产权局授予的实用新型专利或外观设计专利	32 学时	
8. 标准	国际标准	56 学时	
	国家标准	48 学时	
	行业标准	40 学时	
	企业标准	32 学时	
9. 职称考试	计算机考试合格	32 学时	
	职称外语考试合格	40 学时	
10. 技术资格考试	注册类资格考试合格	48 学时	
	全国执业资格或职业水平考试合格	40 学时	
	公司能力等级考试合格	32 学时	
11. 其他实践活动	东西帮扶、援外及到基层、贫困地区扶贫	90 学时/年	
	为本专业继续教育活动提供教学	所授课时的 2 倍学时	